迈向世界一流

建设品牌强国之央企实践

人民政协报社
国务院国资委新闻中心 编

中国文史出版社

图书在版编目（CIP）数据

迈向世界一流：建设品牌强国之央企实践 / 人民政协报社编；国务院国资委新闻中心编 . -- 北京：中国文史出版社，2024.4

ISBN 978-7-5205-4666-9

Ⅰ . ①迈… Ⅱ . ①人… ②国… Ⅲ . ①国有企业—品牌战略—研究—中国 Ⅳ . ① F279.241

中国国家版本馆 CIP 数据核字（2024）第 089323 号

责任编辑：梁　洁　装帧设计：杨飞羊

出版发行：中国文史出版社

社　　址：北京市海淀区西八里庄路 69 号　邮编：100142

电　　话：010-81136606　81136602　81136603（发行部）

传　　真：010-81136677　81136655

印　　装：北京地大彩印有限公司

经　　销：全国新华书店

开　　本：787mm×1092mm　1/16

印　　张：22.25

字　　数：200 千字

版　　次：2024 年 5 月北京第 1 版

印　　次：2024 年 5 月第 1 次印刷

定　　价：68.00 元

编委会名单

前　言

　　2014 年 5 月 10 日，习近平总书记在郑州视察中国中铁装备集团有限公司时，首次提出"推动中国制造向中国创造转变，中国速度向中国质量转变，中国产品向中国品牌转变"重要论述，思想深邃、内涵丰富，具有很强的思想性、战略性、前瞻性、指导性，为推动国资央企高质量发展，建设世界一流企业提供了根本遵循。

　　国有企业是中国特色社会主义的重要物质基础和政治基础，是我们党执政兴国的重要支柱和依靠力量。党的十八大以来，习近平总书记从党和国家事业发展全局出发，高度重视国资央企工作，提出了一系列新思想新战略新要求。

　　过去十年，在习近平总书记"三个转变"重要指示精神指引下，作为推动建设制造强国的主力军、排头兵，广大国资央企深刻感悟"三个转变"的强大思想伟力，胸怀两个大局、心系"国之大者"，以实际行动践行"三个转变"，不断提高国有企业创新能力和价值创造能力，一批活力竞相迸发、动力更加充沛、品牌价值更加凸显的现代新国企相继涌现，大国重器"顶梁柱"的责任担当得到有力彰显。

　　2024 年是习近平总书记提出"三个转变"重要指示十周年，为系统梳理中央企业在推进"三个转变"中的优秀实践经验，集中展现显著成效，充分发挥中央企业引领示范和带动作用，人民政协报社与国务院国资委新闻中心联合出版《迈向世界一流——建设品牌强国之央企实践》一书。

本书以"践行'三个转变'"为牵引，收录近30家中央企业案例，分别以"激发创新活力""推进高质量发展""创建世界一流品牌"三个篇章展开叙述，全景式扫描中央企业"三个转变"的生动实践。与此同时，为深化对中国创造、中国质量、中国品牌的认识，筑牢"三个转变"思想根基，中国品牌建设促进会理事长刘平均、全国政协常委张连起受邀为本书撰写评述文章，中国中铁党建工作部、"三个转变"研究院也从理论层面全面解析"三个转变"为企业带来的强大智慧和磅礴力量。

今年恰逢中华人民共和国成立75周年，也是实现"十四五"规划目标任务的关键一年。相信各中央企业沿着习近平总书记指引的方向，牢记使命、开拓奋进，必将在全面建设社会主义现代化国家新征程中再创佳绩，再立新功！

目　录

第二章
践行"三个转变" 推进高质量发展

第三章

践行"三个转变"　创建世界一流品牌

理论文章

第一章 | 践行"三个转变"
激发创新活力

中国电科：

牢记"国之大者" 勇攀科技高峰

深空测控站

>>>>>>>> **企业简介**

　　中国电子科技集团有限公司（简称中国电科）是中央直接管理的国有重要骨干企业，是中国军工电子主力军、网信事业国家队、国家战略科技力量。中国电科拥有电子信息领域相对完备的科技创新体系，在电子装备、网信体系、产业基础、网络安全等领域占据技术主导地位，肩负着支撑科技自立自强、推进国防现代化、加快数字经济发展、服务社会民生的重要职责。

　　2002 年 3 月，经国务院批准，在原信息产业部直属 46 家电子类科研院所及 26 户企业基础上组建中国电子科技集团公司。2017 年 12 月，完成公司制改制，更名为中国电子科技集团有限公司。2021 年 6 月，经国务院批准，中国普天信息产业集团有限公司整体并入中国电科，成为中国电科全资子公司。2023 年 11 月，经国务院批准，中国华录集团有限公司成为中国电科控股子公司。

　　目前，中国电科拥有包括 47 家国家级研究院所、19 家上市公司在内的 700 余家企事业单位；拥有员工 20 余万名，其中 55% 为研发人员；拥有 41 个国家级重点实验室、研究中心和创新中心，研发经费位居央企前列，近年来取得一批世界一流、国内领先的重大科技成果。连续 19 年获得中央企业业绩考核 A 级，持续多年入选《财富》世界 500 强。

　　科技自立自强是国家强盛之基、安全之要。中国电科深入学习贯彻习近平总书记重要讲话和重要指示批示精神，聚焦履行使命责任，持续提升战略能力，着力激发创新活力，推进集团转型发展，努力打造更多科技自立自强的大国重器，加快推动从中国制造向中国创造、中国速度向中国质量、中国产品向中国品牌的转变。

坚定履行使命责任，保障国家重大工程任务

　　苍茫戈壁，胡杨挺立。2023 年 10 月 26 日，神舟十七号航天员乘组从酒泉卫星发射中心载人航天发射场出发奔赴"天宫"。2013 年，神舟十号

SKA 首台中频天线吊装

深空测控站

出征太空,航天员王亚平作为首位太空教师,为全国 6000 多万名中小学生上了一场史无前例的太空授课。2003 年,航天员杨利伟乘坐神舟五号踏上了首次飞天圆梦的征程,在浩瀚太空留下了第一个属于中国人的足迹,实现了中华民族千年飞天梦想。

从神五到神十七,从首次太空飞行到长期驻守空间站,20 年间,作为我国载人航天工程副总指挥单位,中国电科支撑我国载人航天事业实现了一个又一个跨越式发展,取得了一个又一个历史性成就,以"打满全场"的骄人战绩,支撑我国航天事业实现从"跟跑"向"并跑",并朝向"领跑"大踏步前进。

作为测控通信系统的主体研制单位,中国电科编织了一张覆盖海陆空的通信测控网,对飞船的测控覆盖率由地基系统单站测控的 15% 提高至 100%,实现中低航天器轨道覆盖率近 100%。比如,为了保障"天宫课堂"顺利进行,实现天地互联互通、即时通话,中国电科专门研制了天地卫星通信系统，实现了从引进设备集成到自主创新，同时信息传输速率提升 40 倍。

飞船返回地球的过程中，会与大气产生剧烈摩擦，使舱外温度高达上千摄氏度，造成通信中断，也就是所谓的"黑障区"。为了保障航天员平安归来，中国电科自主研制了多部雷达，接力完成对返回区首点截获、黑障区连续跟踪等任务，引导搜索飞机和车辆迅速抵达返回舱落点，为返回舱的安全着陆和快速搜救提供强有力的保障。

太空飞行，离不开精密的器件。从不到 6 立方米的返回舱到超过 100 立方米的空间站，为了努力腾出珍贵的空间，中国电科在每一个二极管、每一根编织电缆、每一片太阳电池板上都"锱铢必较"，尽可能变薄再变薄、压缩再压缩。太阳电池板从 3 厘米到 1 毫米，收拢体积降低 20%，单位面积重量降低 50%……体积不断缩小的同时抗干扰能力却更强、功率稳定度更高、环境适应性更好，保障航天员生理安全和任务的顺利进行。

除了神舟飞天以外，在嫦娥探月、北斗组网、天眼巡空、天文探火、国产大飞机等重大工程中，都活跃着中国电科的科技工作者勇挑重担、勇闯难关的身影，我们把自身工作融入国家发展大局，努力用智慧和汗水挺起中国制造的脊梁。

推进产学研深度融合，加快攻克关键核心技术

企业是科技创新的主体。随着新一轮科技革命与产业变革深入推进，企业主导的产学研深度融合成为最有效率的创新模式，企业成为最活跃的创新力量。

中国电科充分发挥科技型骨干企业的引领支撑作用，深度融入国家创新体系，加快建设高水平创新平台，加强集群化部署和体系化攻关，提升原创技术需求牵引、源头供给、资源配置、转化应用能力，全力突破"卡脖子"关键核心技术。

作为卫星通信、高压输变电、轨道交通、电动汽车等领域的重要材

碳化硅芯片

料，近年来第三代半导体产业迎来发展"风口"。中国电科在政府的指导和支持下，与相关高校、科研院所、行业企业等密切协同，布局深圳、南京、苏州、山西、湖南、北京六个区域平台，聚焦第三代半导体全产业链，开展协同攻关，突破关键共性技术，收获一批重大成果。

碳化硅 MOSFET 芯片是新能源汽车车载充电机的"心脏"，可大幅提高新能源汽车充电效率。科研团队突破高可靠芯片设计等关键技术，形成大电流碳化硅 MOSFET 器件系列产品，研制出电驱用碳化硅功率模块系列产品。目前，碳化硅 MOSFET 芯片已在国内头部车企车载电源系统中使用超过 1000 万只，保障上百万辆汽车需求。自主研发的高压碳化硅器件及功率模块，在全碳化硅柔直变电站投入示范应用。生产国内首个逻辑、驱动、功率开关全氮化镓半桥功率芯片，为更高工作频率、高可靠电源应用奠定基础。

在 2023 年 6 月举行的中国国际半导体展览会上，中国电科发布了最新研制的 8 英寸碳化硅外延设备和多款高端装备，受到了广泛关注。目前，中国电科自主研发的4—6英寸单晶生长炉达到国内先进水平；碳化硅高温离子注入机实现自主创新，稳居国内市场占有率第一；国内首台碳化硅晶圆缺陷检测设备成功研制，6英寸核心设备整线集成能力大幅跃升，推动第三代半导体行业向低成本、规模化方向发展。

推动数实融合，赋能经济社会发展

"它的出现重燃了我拥抱生活、拥抱自由的希望！"让残障人士重燃希望的"它"，就是中国电科研发的智能假肢——灵犀手。它将人的思想活动抽象成一个信号处理过程，利用生物信号处理算法，借助机械手完成脑部动作指令，从而光凭意念就能让机器手动起来。残障人士只要简单训练20分钟，就能完成拿杯子、抽纸等日常动作，大大提高生活质量。2021年，"灵犀手"获得世界人工智能大会最高奖。

当前，人工智能引领的新一代信息技术快速发展，中国电科面向经济

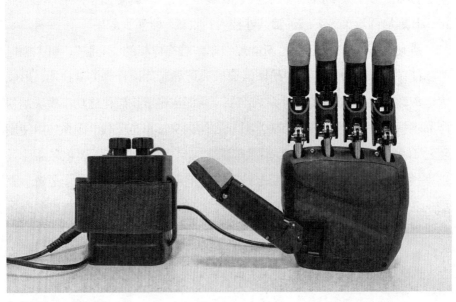

智能假肢——灵犀手

和社会发展需求,推动数字经济与实体经济深度融合,让数字技术走进百姓生活、赋能千行百业。

让行业更智慧——面向智能制造,构建智能制造装备、工业软件、智能制造车间、智慧企业整体解决方案,以及工业互联网等技术和产品体系。面向智能物流,研发生产运营调度系统、国内首家商业物流 AGV 全自动出货系统等。面向智能金融,持续拓展供应链金融、消费金融、普惠金融、数字人民币等场景创新。面向智能农业,形成智能孵化、智能养殖、智能分选、自动包装等服务产业链上下游的系统解决方案。

让城市更便捷——服务城市治理,打造国内首家超亿级设备接入城市级物联网运营中心、5G 行业专网安全管控系统等,服务覆盖北京、上海、深圳、嘉兴等 50 余座城市。支撑政务服务,打造"云 + 数 + 应用 + 生态"新型数字政府建设模式,足不出户"线上办"、复杂事项"简单办"。赋能交通出行,布局空中、道路、轨道、水上和综合交通智能化,构建轨道交通信号系统、民航流量管理系统和智慧船舶交通管理系统等,为一路畅行提供便捷。

让服务更贴心——创造更高水平的数字正义,助力司法数据中台、智慧法院大脑、在线法院建设,提供类案智推、智能审判、数助决策等服务。智能科技守护绿水青山,打造空天地河感知网,形成数字黄河三维模型,实现黄河流域河南段 12 个自然保护区生态环境常态化检测。助力气象防灾减灾,形成从探测装备、智能化协同系统到气象大数据应用的智能气象整体解决方案。践行文物保护靠科技理念,形成考古发掘、系统性科学研究与现场及时有效保护"三位一体"的智慧文博模式。

加强国际科技交流合作,持续提升创新能力

宇宙从哪里来?天上的星系经历了什么样的演化?自古以来,人类对于宇宙的探索从未停歇。国际大科学工程——平方公里阵列射电望远镜

（Square Kilometre Array，以下简称 SKA）始于 20 世纪 90 年代初，是人类有史以来在建的最大综合孔径射电望远镜，也是中国目前参与的最重要的国际大科学工程之一。它之所以这样命名，是因为组成阵列的射电望远镜总接收面积达一平方公里，相当于 140 个足球场大，它建成后将比目前世界上最大的射电望远镜阵列灵敏度提高 50 倍，巡天速度提高 1 万倍。

如此庞大的工程并非一国之力可以完成，来自全球 20 个国家上百家科研机构与大学的科学家和工程师团队参与了 SKA 的研发，中国电科作为天线结构工作包联盟的牵头单位，在其中承担着重要的角色。2023 年 9 月，在河北石家庄的中国电科测试场，SKA 完成建设阶段以来的首台中频天线吊装，为"地球巨眼"装上了"中国之眸"。

2023 年是共建"一带一路"倡议提出十周年。十年间，中国电科持续发挥信息技术优势，以科技助力"一带一路"建设。

努力提高电磁环境效应基础理论水平，自主研制国内首台声光电磁防护车，成功开发新能源汽车电池模组用热管理材料……中国电科依托中

南非 SKA 首台天线样机

南非 SKA 站址反射面天线阵

国—白俄罗斯电磁环境效应"一带一路"联合实验室聚焦轨道交通、信息通信、能源等重大基础设施电磁环境效应领域加快科研攻关。

在土耳其，中国电科向 Kalyon 集团高质量交付光伏 500MW 全产业链"交钥匙"工程，助力土耳其打造第一个涵盖拉晶、切片、电池、组件各环节的光伏全产业链项目，帮助土耳其光伏产能提升约 10%。目前，二期新建扩建具备最先进技术配置的 500MW 电池和组件产品线项目，三期 1.2GW 组件工程总承包项目已在推进之中。土耳其总统埃尔多安称赞道："该项目是土耳其国家能源战略实施的重要里程碑，必将为本国能源独立、新能源产业及经济发展作出重大贡献。"

抓创新就是抓发展，谋创新就是谋未来。中国电科将牢记习近平总书记的殷殷嘱托，强化创新引领，加快"三个转变"，在新征程上展现支撑科技自立自强的新作为新担当，为强国建设、民族复兴贡献电科力量。

中国石化：
以科技之手端牢能源饭碗

中国石化"深地一号"跃进3-3井

>>>>>>>> **企业简介**

中国石化主营业务涵盖油气勘探开发、炼油生产经营、化工生产经营、产品营销与服务、石油和炼化工程服务、新能源开发利用、国际贸易等。目前，公司是中国最大的成品油和石化产品供应商，是世界第一大炼油公司、第二大化工公司，连续十年位居《财富》世界500强前列。

多年来，中国石化坚持以国家发展需求为导向，把克服分散、重复、低效问题作为调整优化科技创新平台的着力点，形成以26个国家级研发机构、8家直属研究院、2家海外研发中心为主体的研发平台，并聚焦能源化工领域开展差异化技术攻关，多年来向国内企业输出大量关键技术，为我国能源化工行业技术升级换代提供了基础性支撑。

中国石化深刻领会"科技是第一生产力、人才是第一资源、创新是第一动力"的重大论断,牢记习近平总书记视察胜利油田时的殷切嘱托,自觉扛稳"担当国家战略科技力量"核心职责,不断增强应对大变局的志气、骨气、底气,加快推动从中国制造向中国创造、中国速度向中国质量、中国产品向中国品牌的转变,加快向世界领先洁净能源化工公司迈进。

强化基础研究 坚决打赢关键核心技术攻坚战

11 月的胡杨林与沙海相映生辉,新疆阿克苏地区迎来了一年之中最美的季节。伴随着一声"开井"的指示,中国石化"深地一号"跃进 3-3XC 井正式点火测试,距离钻井 170 米开外的沙坑里瞬间腾起一团橘色的火焰。该口井成功获得高产油气流,刷新了亚洲最深井斜深和超深层钻井水平位移两项纪录,再次证明中国深地系列技术已跨入世界前列,为进军万米超深层提供了重要技术和装备储备。

"我们探索形成超深层油气优快钻井技术体系,实现了由'打不成'到'打得快、打得准'的重大跨越。"中国石化西北油田相关负责人介绍。我国深层、超深层油气资源达 671 亿吨油当量,深层、超深层已经成为我国油气重大发现的主阵地。被誉为"深地一号"的顺北油气田的储层平均埋藏深度超过 7300 米,油气藏具有超深、高温、高压等特点,随着技术的突破,已成功落实四个亿吨级油气区,为保障我国能源安全贡献重要力量。

从西北大漠到东海之滨,中国石化始终坚持把端牢能源饭碗的战略基点放在科技创新上,攻关形成独具特色的油气勘探开发理论与技术,海相油气、页岩气勘探开发技术等达到世界领先水平,为保障国家能源安全提供了有力科技支撑。

石化产业是国民经济支柱产业,关乎我国产业链供应链安全稳定、绿色低碳发展、民生福祉改善。中国石化加快推进科技创新,掌握达到世界先进水平、具有自主知识产权的炼油全流程技术、石油化工主体技术,

我国自主研发的 48K 大丝束碳纤维问世

有力推动我国石化产业跨越式发展。比如,长期以来,我国芳烃技术依赖进口,产业发展受制于人。突破芳烃技术,可以极大巩固"对二甲苯(PX)—化学纤维"产业链,以化纤替代棉花,缓解我国粮棉争地矛盾,保障国家粮食安全。在长期技术积累基础上,中国石化芳烃成套技术于2013 年成功实现工业应用,使我国成为继美国、法国之后第三个掌握该技术的国家。中国石化承担的"高效环保芳烃成套技术开发及应用"项目获2015 年度国家科学技术进步奖特等奖。2022 年 6 月,国际领先的第三代芳烃技术首套装置建成投产,"衣被天下"有了更加坚实的物质技术基础。

习近平总书记明确指出,"新材料产业是战略性、基础性产业,也是高技术竞争的关键领域"。2012 年以来,我国新材料产业蓬勃发展,形成了全球门类最齐全、规模第一的材料产业体系。中国石化作为国内最大的合成材料供应商,近年来加大在高端新材料领域的创新投入,高性能纤维、特种橡胶与弹性体等研发能力不断提高,为相关产业发展提供了有力的原材料配套支撑。

被誉为"新材料之王"的碳纤维，是材料皇冠上的一颗璀璨明珠。长期以来，发达国家对我国采取高端禁运、低端挤压的遏制政策，加快实现碳纤维自主可控极为迫切。在此背景下，中国石化在碳纤维及其复合材料方面加大攻关力度，并取得重大突破：2022 年 10 月在上海建成投产国内首套 48K 大丝束碳纤维全国产化生产线，一举改变我国大丝束碳纤维全部依赖进口的局面，有力推动国产碳纤维产业跻身世界前列。

强化成果转化　深入打造特色科技创新体系

在山东东营，我国首条百万吨百公里高压常温密相二氧化碳输送管道——齐鲁石化—胜利油田百万吨级 CCUS 示范项目二氧化碳输送管道，

我国首个百万吨级 CCUS 项目——齐鲁石化—胜利油田 CCUS 示范项目二氧化碳输送管道——齐鲁石化首站

正源源不断地输送着工业级、高纯二氧化碳。

相比油气，二氧化碳受温度和压力变化的影响大，且保温易，保冷难。中国石化项目设计团队摸着石头过河，一步步破解难题。自 2007 年以来，中国石化石油工程设计公司结合国家碳减排与油藏开发重大需求，依托中国石化"十条龙"等多项课题，集中优势力量持续开展技术攻关，形成了低能耗燃煤烟气二氧化碳捕集技术，自主开发了国内首个 100 万吨 /年烟气二氧化碳捕集工艺包，主编了首部碳捕集国标《烟气二氧化碳捕集纯化工程设计标准》。经过多年创新攻关，中国石化已系统掌握了二氧化碳管输设计、建设和投运等系列核心技术，补齐了我国 CCUS 全链条规模化发展的技术短板。

"十条龙"是中国石化在攻关重大技术长期实践中，探索形成的集聚科研、设计、生产、设备制造、工程建设和销售等全链条力量的攻关模

九江石化年产 89 万吨芳烃成功投产，标志着我国成为第三个掌握该技术的国家

中国石化济阳坳陷利津洼陷新区页岩油勘探取得重大突破

式。该模式打破了单位、团队、专业、领域界限，推进自主技术快速产业化，已累计完成 200 多项成套技术工业转化。

党的二十大报告对"健全新型举国体制"提出明确要求。中国石化坚持以国家发展需求为导向，把克服分散、重复、低效问题作为调整优化科技创新平台的着力点。目前，已形成以 26 个国家级研发机构、8 家直属研究院、2 家海外研发中心为主体的研发平台，并聚焦能源化工领域开展差异化技术攻关，多年来向国内企业输出大量关键技术，为我国能源化工行业技术升级换代提供了基础性支撑。

当前，世界百年未有之大变局加速演进，全球科技竞争日趋激烈。面对严峻挑战，中国石化坚持在依法合规、合作共赢的前提下推进开放创新，积极融入全球创新网络，目前近 40 个国际科技合作项目正在运行。积极同世界主要创新国家加强交流合作，在国外成立研发中心，与国外大学联合成立资源地球物理研究院，广泛参与科技前沿领域探索。积极参与"一带一路"科技合作，为"一带一路"能源合作系上更为牢固的科技纽带。未来，中国石化将更加主动融入全球创新网络，精准选择合作领域，开辟多元化合作渠道，在开放合作中提升科技创新能力，加快营造具有全球竞争力的开放创新生态。

搭建聚才平台 建设能源化工领域重要人才集聚中心

2023年12月6日，第三届中国石化青年科技精英赛决赛在北京举行，决赛采取"人才＋项目"评价模式，特邀中国科学院院士、中国工程院院士、中国石化集团公司高层次专家担任评委，来自中国石化下属单位的10名选手获得"中国石化优秀青年科技创新人才"称号，并纳入"中国石化未来科学家"计划进行培养。

党的二十大报告把教育、科技、人才作为全面建设社会主义现代化国家的基础性、战略性支撑。习近平总书记明确指出要加快建设国家战略人才力量，号召全党"真心爱才、悉心育才、倾心引才、精心用才"，为我们更好推进科技人才队伍建设提供了科学指引。

中国石化把做好人才工作作为最紧迫的工作来抓，深化人才体制机制改革，广泛搭建引才聚才平台，加快建设国家战略人才力量，努力成为集聚各类优秀人才团结奋斗的沃土。

首个能源化工领域的互动科普展在中国科技馆开幕

中国石化加能站

大力实施"头雁工程"，建强战略领军人才方阵。进入新时代，我国科技人才结构持续优化、素质持续提升、队伍持续壮大，但高精尖科技人才仍然缺乏，需要加快培养引进步伐。近年来，中国石化大力实施人才强企战略，强化高端人才领航，实施专项培养计划，形成了一支由两院院士、集团公司级专家组成的高层次人才队伍，为实现高水平科技自立自强提供了战略人才支撑。下一步，中国石化将实行"一人一策"，把具有培养潜质的高层次复合型人才放到大项目中磨砺淬炼，加快培养更多运筹帷幄的战略科学家和科技领军人才。同时，发挥创新高地"引力场"效应，在国际人才竞争中吸引和凝聚战略领军人才，形成来源丰富、结构合理的战略人才梯队。

大力实施"铸剑工程"，建强创新中坚人才方阵。青年科技英才是重大科技攻关的生力军，也是一流科技领军人才的后备军。必须深挖人才储备"蓄水池"，支持青年骨干挑大梁，造就一支梯次合理、规模宏大的青年科技人才队伍，为建设科技强国孕育澎湃动能。近年来，中国石化坚持引育并重，科研设计人员达到 2 万余人，40 岁以下占比接近 50%，科研专家队伍不断壮大。特别是，创新实施"未来科学家"培养计划、青年科技人

我国首座商业化分布式氨制氢加氢一体站投用

才海外储备计划,设立青年科技创新基金,加大青年科技人才培养使用力度,为科技创新注入了更多青春力量。未来将持续完善精准滴灌、竞争择优的育才机制,搭建大显身手、施展才华的用才平台,构建开放包容、不拘一格的引才格局,加快铸就由千名科研专家、万名青年科技人才、百个科技创新团队组成的科技创新利剑。

大力实施"强基工程",建强一线骨干人才方阵。卓越工程师、大国工匠、高技能人才位居人才金字塔的塔基,是解决复杂工程问题、锻造"大国重器"、进行技术革新的主力军。长期以来,这部分人才的成长存在"天花板",创新潜能并未充分释放。针对这一情况,中国石化大力实施"强基工程",加快培育卓越工程师,锻造大国工匠、石化名匠,目前获中华技能大奖 8 人,拥有全国技术能手 104 人,达到工匠标准的高技能人才 271 人,有力支撑了公司高质量发展。站在新发展阶段,中国石化将大力营造尊重劳动、尊重知识、尊重人才、尊重创造的浓厚氛围,畅通成长通道,开展实战实训,加快锻造大批爱党报国、敬业奉献、具有突出技术创新能力、善于解决工程难题的卓越工程师队伍和具有工匠精神、技艺高超、业绩突出的一线技能人才队伍,为企业高质量发展奠定坚实人才之基。

中国海油：
挺进深蓝　奏响建设海洋强国强音

中国海油"深海一号"大气田海上大会战，进行最后的海管安装调试等工作

>>>>>>>> **企业简介**

　　中国海洋石油集团有限公司（简称中国海油）是 1982 年 2 月 15 日经国务院批准成立的特大型国有企业，是中国最大的海上油气生产运营商，主要业务板块包括油气勘探开发、专业技术服务、炼化与销售、天然气及发电、金融服务等，并积极发展海上风电等新能源业务。公司在 2023 年《财富》世界 500 强中排名第 42 位，2020 年以来连续两年在普氏能源公布的"全球能源企业 250 强"排名中位列前十。公司主要经营业绩指标在央企位居前列，连续 19 年获评国务院国资委中央企业经营业绩考核 A 级。

　　中国海油深入贯彻落实习近平总书记关于建设海洋强国、加快深海油气资源勘探开发的重要指示精神，加大关键核心技术攻关力度，推动深水油气装备现代产业链建设。经过 10 余年的技术攻关和自主创新，中国海油建成了全套深海装备 15 艘，相继攻克了深水、高温、高压等世界级技术难题，形成了一系列具有自主知识产权的深水技术体系，具备了从深水到超深水、从南海到极地的全方位作业能力，使我国深海油气资源开发能力跃居世界前列，为未来参与世界公海和极地深海海域勘探开发争取了主动权。

2021 年 6 月 25 日，我国自营勘探开发的首个 1500 米级超深水大气田"深海一号"，在海南岛东南陵水海域正式投产，标志着我国海洋石油勘探开发进入"超深水时代"（韩庆摄）

从海南三亚乘坐直升机往东南飞行 100 余公里，从机上俯瞰，万里碧波之上，一座黄色的钢铁"巨无霸"巍然矗立：总高度 120 米，总重量超 5 万吨，钢铁用量超过 7 座埃菲尔铁塔，投影面积足有两个足球场大；最大排水量达 11 万吨，位居世界第四，相当于 3 艘中型航母。它，就是全球首座 10 万吨级深水半潜式生产储油平台——"深海一号"能源站，也是"深海一号"大气田的枢纽。水深 1500 米以下的深海天然气在能源站进行生产处理后通过海底管道源源不断地输送至粤港澳大湾区和海南自贸港。

2021 年 6 月 25 日，在建党百年之际，"深海一号"正式投产，每年稳定供气 30 亿方，可满足大湾区四分之一的民生用气需求，使南海天然气供应能力提升到每年 130 亿立方米以上。2022 年 4 月 10 日，习近平总书记连线"深海一号"作业平台时强调，要推动海洋科技实现高水平自立自强，加强原创性、引领性科技攻关，把装备制造牢牢抓在自己手里，努力用我们自己的装备开发油气资源，提高能源自给率，保障国家能源安全。"深海一号"气田熊熊燃烧的火炬像一面在深海中迎风舒展的红旗，诉说着中国海油积极贯彻落实总书记重要指示精神，加强自主创新、强化中国创造、加快挺进深水的生动实践。

矢志不渝　探寻深海宝藏

深水是未来全球油气资源的主要接替区。国际上一般将水深超过300米海域的油气资源定义为深水油气，1500米水深以上称为超深水。数据显示，近10年新发现的101个大型油气田中，深水油气田数量占比67%、储量占比68%。

随着我国经济的快速发展，国内油气消费需求与日俱增，供需矛盾凸显，而南海是世界四大海洋油气聚集中心之一，其中70%的资源蕴藏于深水海域。始终以"我为祖国献石油"为使命的中国海油把目光投向了广袤的南海深处。即使多家外国石油公司在这里折戟沉沙，甚至提出了悲观的结论——"南海温度、压力太高无法游离成藏天然气"。

"出发！挺进深海！"这发自内心的呐喊，饱含着中国海油油气勘探者们要在南海深水区闯出一条新路的决绝，更有几代海油人"在南海建立'万亿大气区'"的执念。

深海是大国科技竞争的角力场，中国海油的管理者也深刻认识到，走向深海，必须奋力追赶世界先进水平，首先就要打造高端的海洋装备。

中国海油瞄准世界领先水平，根据南海特殊海况，在时任上海市委书记习近平同志的见证下，一次投资60亿元，与外高桥造船厂联合建造"最大作业水深达到3000米、最大钻井深度达到10000米"的世界最先进的"海洋石油981"半潜式钻井平台，让我国深水钻井平台装备水平实现

2014 年，中国海油运用"海洋石油 981"深水钻井平台在 1500 米水深海域自主勘探发现我国首个千亿方超深水大气田"深海一号"

从"二代半"到"第六代"的飞跃式发展。

随后，亚洲最大、最先进的"海洋石油 720"12 缆深水物探船、亚洲第一艘 3000 米深水铺管起重船"海洋石油 201"等高端装备陆续入列，中国海油打造了以"海洋石油 981"为旗舰，全功能覆盖的"五型六船"深海油气开发"联合舰队"。

2014 年，年轻的中国海油团队驾驭着崭新的"深水舰队"，创新勘探理论，接连闯过井漏、台风、酷暑等一道道艰难险阻，攻克深水井安全钻进、高效测试等难题，成功发现"深海一号"大气田，探明地质储量超千亿方。这是我国海域自营深水勘探的第一个重大油气发现，一扇通往南海深水天然气"宝藏"的大门终于被缓缓打开。

六十年前，正是在这一片海，共和国老一辈石油人用"两个浮筒"第

"深海一号"投产前夕,海上员工举行升国旗仪式

一次捞起海水中的"黑色黄金",证明了蓝色国土同样具备"甩掉贫油国帽子"的资源潜力。进入新时代,手握深海油气勘探开发"联合舰队"的中国海油,面对曾被国际石油巨头判定为油气开发禁区的南海深水海域,满怀豪情壮志地掀开"南海万亿方"大气区的新篇章。

敢为天下先 打造大国工程名片

得益于"深海一号"的重大勘探突破,中国海油人首次获得了独立走进世界深水俱乐部的入场券。但 2013 年以来国际低油价"寒冬",又让南海深水天然气大开发的蓝图几成泡影。

既产气又产油的"深海一号"南北跨距 30 公里、东西跨距 49 公里,水深 1500 米级别，井位相对比较分散，没有合适的现成的生产设施可以依托，造一条 FLNG（浮式液化天然气生产储卸装置）成本太高，而气田整体的凝析油储量又不值得新建一条输油管线。

要以以往深水气田开发一半的成本开发这个大气田！研究人员查遍国际上已有的深水气田开发模式，也找不到能够达到经济开发门槛的成熟开发方案。

"能否设计一个平台，既满足气田生产需求，又能暂时储存少量凝析油？"设计团队提出，凝析油可以储存在立柱内，再通过穿梭油轮外输。但这也意味着，项目人员在结构设计上要解决好储油安全、外输作业安全

2021 年，"深海一号"能源站在 3 艘大马力拖轮的牵引下驶向南海陵水海域

等难题。即便是国外油气公司，此前也从未尝试过。

"没有先例，就开创先例！改革开放 30 年，我们已经具备了'从中国制造向中国创造转变'的基础。"设计团队从零起步、迎难而上：开发新型"脊梁柱"结构，将凝析油舱内结构疲劳寿命提高 30 倍以上；借鉴保温瓶内胆原理，为油舱量身定制"护体铠甲"，避免立柱遭碰撞漏油；自主研发平台尺度规划软件……一项项创新涌现出来。

尽管有很多质疑和不信任，设计团队最终顶住压力，以严密的论证获得国内外行业专家和公司管理层的认可，破解了"深海一号"大气田开发难题。而这一创新，也成功孕育了获得三项"世界首创"的"深海一号"生产平台。

努力拼搏 攀登中国速度、中国质量新高度

设计阶段结束后，留给"深海一号"能源站从建造到投产的周期只有约 28 个月，比国外同类项目建设期少了 10 个月。领域全新、成本受限、工期紧张，重重困难下，在油气开发工程建设领域奋战数十年的"工程老兵"尤学刚临危受命。在他的带领下，"深海一号"生产平台的建设工作屡创纪录。

工期更短。在青岛，上部组块提前 19 天、下部船体提前 46 天完成陆地建造；在烟台，36 小时高质量完成"大合龙"，100 天完成上百个模块吊装和子系统调试……作业高峰期，中国海油组织超过 5000 人、17 台大型履带式起重机昼夜奋战，使工期缩短至 21 个月，比同类项目节省约 1/3。海上铺管，一中一外两艘铺管作业船舶在深水区域展开"劳动竞赛"，创造了单日 3.42 公里铺设效率新纪录，把中国速度展现得淋漓尽致。

精度更高。"深海一号"能源站的 4 个立柱近 60 米高，对角跨距最大达 70 米，建造精度要求控制在 13 毫米内，比国外类似项目标准严格约 3 倍，误差不到万分之二。平台上部组块和下部浮体合龙由世界起重能力最大的桥式起重机"泰山吊"来完成。由于太阳照射会使钢板发生变形，导致测量出现 18 至 25 毫米的偏差，工作人员要在日出前就完成测量，项目对于精度的要求可见一斑。合龙完成，立柱与结构物之间只有 5 毫米的微小偏差，累计公差仅在 40 毫米左右，合龙精度在行业中罕见！

寿命更长。普通的海洋油气浮式生产装置，一般 10 至 15 年就要回坞大修。出于技术风险和经济性考虑，"深海一号"能源站项目选择按"30 年不回坞检修、疲劳寿命达 150 年、抵御百年一遇超强台风"的高标准进行设计建设。"目前看，面对十二三级台风，平台依然能够维持安全稳定的运行状态，实际稳性优于设计稳性。""深海一号"气田总监宋金龙介绍。

"拼搏到感动自己、努力到无能为力"，在尤学刚的带领下，项目团队靠着脚踏实地的干劲、不惧艰辛的韧劲，交出了一份亮丽答卷，项目工期、质量等都成为行业标杆，彰显了中国速度、中国质量。

共链强链　构建深水油气产业联盟

过去几十年，我国海洋油气开发主要集中在 300 米以内的浅水海域，深水油气田勘探开发起步较晚，相关设备也较为落后。"购买国外装备和设计，既花费大量资金，也受到很大制约。"中国海油海南分公司工程建设中心主任工程师董晓雨举例，过去单台功率在 5000 千瓦左右的印刷板式换热器，采购成本一般在 600 万元以上，供货周期超过 10 个月。

"能源的饭碗必须端在自己手里。"肩负重任，中国海洋石油人不敢

"深海一号"超深水大气田采用"半潜式生产平台＋水下生产系统"模式开发

懈怠。

"深海一号"由 200 多台套设备，24 万个零部件构成。中国海油技术团队在项目实施过程中，以联合攻关带动国内相关产业链升级，开展印刷板式换热器、深水聚酯缆等 15 项关键设备和系统的技术攻关，带动了我国造船、钢铁、机电等行业的进步，推动我国半潜式油气生产平台的关键设备自主化率由 33% 提升至 80%，甚至在某些方面立起深水开发的"中国标准"。

让"深海一号"稳稳地矗立在南海之上的是一种特制的缆绳。尤学刚介绍说，每根 1000 多米的聚酯缆，强度比钢缆还要高，耐海水腐蚀，但重量却只有钢缆的约 1/43。

2020 年，"深海一号"能源站上部组块和下部船体在烟台成功合龙，世界首座十万吨级半潜式生产储油平台主体建造完工

以前，系泊聚酯缆的设计、制造技术被少数国外公司所垄断，国内采办价格高、供货周期长。中国海油在"深海一号"项目全面建设启动初期对国内聚酯缆国产化可行性进行了分析调研，最终把供货商选定为浙江的一家民营企业四兄绳业。

"国产聚酯缆从合同签订到最终交货只用了 9 个月，相较进口产品，工期和成本分别缩短和减少 1/4，性能也完全满足要求。"中国海油牵头组建的聚酯缆研发团队，用时三年半，一次就完成了从最低标准的科研缆到最高标准的工程实用缆的蜕变，也让国产聚酯缆得以与进口产品"同场竞技"。

精诚合作，互利共赢。"中国海油团队帮助我们改造了聚酯缆试验测试平台，一同摸索深海聚酯缆的拉力、强度、抗疲劳性等指标参数，推动产品研发成功。"四兄绳业海工业务副总经理李航宇说，"深海一号"项目之后，相继有其他油气公司慕名而来，去年企业的聚酯缆产品还首次走出了国门。"

正是这样亲密无间的合作攻关，让一批具有国际领先技术水平的国内企业在中国海油的一个个深水项目中被发掘出来，最后成功"浮出水面"，共同促成了相关深水装备国内产业链、供应链的补链强链。

"深海一号"项目所创建的"科研联合体""创新联合体""技术共同体"发展模式也被推广开来，用在国产深水水下生产系统、国产海上透平发电机等多个领域，促成了首套国产 500 米级深水水下生产系统、水下井口等系列装备的成功问世，并取得了良好的实践效果，把此前未曾涉足的"技术新区"逐步转变为由中国企业充分参与的创新热土。

国机集团：

锻造"三支力量" 勇当新型工业化建设主力军

800MN 大型模锻压力机

>>>>>>>> **企业简介**

　　中国机械工业集团有限公司（简称国机集团）发源于第一机械工业部，由原机械工业部所属的 70 多家科研设计院所、装备制造和工贸企业发展而来。

　　经过几十年的改革发展，国机集团已经成为一家多元化、国际化、市场化的综合性装备工业集团，目前拥有 27 家直接管理的二级企业，12 万余从业人员，12 家上市公司，是世界 500 强企业，连续多年位居中国机械工业百强企业首位。

　　国机集团以先进装备制造、产业基础研制与服务、工程承包与供应链为三大主业，业务涉及机械、能源、交通、汽车、轻工、船舶、冶金、建筑、电子、环保、航空航天等国民经济重要产业，在全球 100 多个国家和地区设有 360 余个驻外机构，业务遍及五大洲。

　　国机集团秉承"合力同行，创新共赢"的核心价值观，积极发挥自身在建设现代化产业体系、构建新发展格局中的科技创新、产业控制、安全支撑作用，锻造国机所长、服务国家所需，以增强核心功能、提高核心竞争力为重点，锻造先进装备产业链安全的保障力量、机械工业的战略科技力量、国际产能合作和供应链融通的支撑力量，积极担当新型工业化建设的主力军，奋力建设具有全球竞争力的世界一流企业。

亚洲首台万吨级航空铝合金板张力拉伸装备

2014年5月10日，习近平总书记在视察中国中铁装备集团时，作出了"推动中国制造向中国创造转变、中国速度向中国质量转变、中国产品向中国品牌转变"的重要指示。国机集团深入贯彻落实"三个转变"重要指示精神，胸怀"两个大局"，牢记"国之大者"，践行"机械工业国家队"使命，坚持"锻造国机所长、服务国家所需"，大力推进创新发展、转型升级、提质增效、锻造创新发展三支力量，取得了一系列突破性、标志性成果，彰显了国机集团在积极服务制造强国、科技强国、质量强国、农业强国等国家重大战略部署，积极参与高质量共建"一带一路"等方面的品牌优势和核心竞争力。

担当制造强国的"压舱石"

制造业是实体经济的重要基础。1952年，第一机械工业部成立，开启了新中国机械工业发展的光辉历程。国机血脉发端于此，伴随着新中国工业化历程一路走来，忠诚于党、胸怀祖国、心系民族、服务人民，一直是国机人传承至今的光荣传统和红色基因。

1954 年，毛泽东同志亲自选址的中国一拖，拉开了新中国农业机械化的大幕，1958 年生产出第一台东方红履带拖拉机，"东方红"也成为中国农机知名品牌，从而成为中国农业机械化的象征；1965 年研制成功我国第一台具有完全自主知识产权的人造金刚石合成装备，彻底打破了当时西方国家对我国金刚石产业及合成技术的封锁，开启了中国超硬材料的产业化道路。

几十年来，国机集团勇闯科技前沿，成功研制了一大批重大技术装备和产品，为保障相关产业链供应链安全稳定发挥积极作用。彰显"中国力度"的"大压机"就是其中的突出代表。

大型模锻压力机，是象征重工业实力的国宝级战略装备。2013 年，我国成功自主设计制造出 8 万吨模锻压力机，一举打破了国外 7.5 万吨模锻液压机保持 51 年的世界纪录，拉开了中国航空装备制造赶超世界先进水平的序幕。在四川德阳，国机集团国机重装的模锻厂房内，有 15 层楼高，自身总重量达 2.2 万吨，最大压制力达 10 万吨的 8 万吨模锻压力机傲然挺立。有了这个"钢铁巨无霸"，航空、航天、海洋、核电、高铁等所需的高端大型模锻件就都可以实现自主制造。

目前，国外的模锻压力机往往由于力量不够，在大型模锻件的制造过程中，需要经过反复加热，锻压两到三轮才能完成，而 8 万吨模锻压力机动力强劲，一次锻压锻造即可完成，还能保证产品外在尺寸的完整性和内在性能的稳定性。如此强劲的动力来源于哪里？

秘密就来自深埋地下的泵房，60 台油泵驱使着 300 吨液压油，在 10 公里长的管路里流动，推动 5 个直径 1.8 米的巨大液压油缸进行压制，这排山倒海的力量，再加上精准精细的控制，让钢铁坯料在它手上，像做月饼一样，一锻成型，一次成功。

万钧之力，必作于细。在大型模锻件锻造成型过程中，必须开展大量的模拟和计算，以科学的数据为支撑，丰富的实战经验为基础，这样才能做到精准控制，保证产品精确成型。在国产 C919 大飞机航空模锻件产品制

"东方红"动力换挡重型拖拉机

东方红 LF2204 无人驾驶拖拉机

东方红小麦收割机正在作业

造中，国机集团研发团队在 2500 多个日夜中，画了上千张图纸，开展了几百次模拟、预制以及工艺迭代优化工作，先后进行多款产品试制，最终攻克了 10 余项关键核心技术，填补了多项国内空白，成功锻造出 C919 飞机主起落架关键模锻件，我国大飞机高端模锻件制造领域取得突破性进展。

十年来，除了支撑"大飞机"的"大压机"，国机集团不断提升极限制造能力，成功研制亚洲最大负载的 125 兆牛预拉伸机组等系列首台套高端装备，为白鹤滩百万千瓦水电机组、"华龙一号"核电机组等国家重大工

程项目提供技术装备。在农业机械装备研发制造领域，积极发挥行业龙头企业作用，以"提高农机装备水平，护航国家粮食安全"为主线，联动推进"培育农机原创技术策源地、打造高端农机现代产业链链长、开展农机装备补短板"三大行动，落实"三张清单"，持续推进农业机械化高质量发展，以农业机械现代化助力端稳"中国饭碗"、守住"大国粮仓"。

担当制造强国的"压舱石"，锻造先进装备产业链安全的保障力量，源于国机的血脉传承，彰显于保障高端装备产业链安全的一次次技术突破、一个个装备和产品中。

发力自主创新的"生态场"

工业强基是从制造大国迈向制造强国的必由之路，工业基础能力是决定制造强国建设成败的关键。国机集团秉承并强化原30家转制院所的科研力量与引领作用，加强工业基础研究，开展关键共性技术研发，持续服务支撑行业发展，助力提升产业基础能力，在关键基础材料、核心零部件、专用工艺设备等领域，攻克了一大批关键核心技术，取得了众多科研成果，为核电、石化等行业发展发挥了重要支撑作用。以下属合肥通用院为代表的科研院所，始终坚持不断增强自主创新能力，立足于在关键时刻解决重大装备及关键零部件国产化难题，打造极端环境重要压力容器和绿色节能高可靠性流体机械关键设备，支撑百万吨乙烯、千万吨炼油、西气东输等国家重大工程建设。

在"推进新型工业化""实施产业基础再造工程和重大技术装备攻关工程"的国家战略指引下，国机集团积极建设全国重点实验室、国家制造业创新中心等创新平台，培育原创技术策源地，聚焦重点领域重大装备的通用机械、零部件及基础件，建立健全产学研用深度融合创新机制，打造贯穿创新链、产业链的制造业创新生态系统，攻克解决制约行业发展的共性关键技术瓶颈，支撑相关领域重大技术装备的自主创新。牵头组建创新联合体，提升创新体系整体效能，形成开放的创新生态。

打造科技创新生态离不开激励机制的持续完善。国机集团加大对承担重大攻关任务、开展基础前沿技术研究和应用的支持力度，以"科改""双百"科研院所企业为先行，促进产学研用有效贯通和科技成果高效转化应用，实现创新链产业链资金链人才链深度融合，全力锻造机械工业的战略科技力量。建立健全科技人才评价体系，积极培养科学家精神与企业家精神融合的战略科技领军人才，培育具有科学家素质的"卓越工程师",畅通高层次科技专家职业发展路径。

党的十九大以来,国机集团获得国家科学技术奖一等奖 1 项,二等奖 6 项;省部级(含全国性行业学协会)及以上各类成果奖励 2000 余项;授权专利 10000 余件;制修订国际、国家及行业标准(含在编)2300 余项;新增国家科研项目 500 余项,新增省部级及以上科研、服务平台 160 余家。

发力自主创新的"生态场",锻造机械工业的战略科技力量,基于国机集团的行业历史积淀,更是国机集团的使命传承。

锻造国际产能合作和供应链融通的"金刚钻"

国机集团在工程建设领域拥有勘察、设计、施工、监理、规划、咨询等高等级资质 200 余项,形成"以一流设计咨询为牵引,科技创新为驱动,国机集团产业优势为基础"的全产业链工程服务综合能力,遵循"高标准、可持续、惠民生"的宗旨,已在"一带一路"沿线建设了近 2000 个大中型工程项目,涉及新能源和新基建、工业工程、交通运输、电子通信、生态环境、医疗健康、智慧工业、现代农业、标准"走出去"等国民经济与社

中白工业园园区入口

会发展重要产业，为当地经济社会发展、增进民生福祉发挥了积极作用。

中白工业园是中白两国元首高度重视、两国政府亲自推动实施的"一带一路"合作项目，也是中国在海外规划面积最大、合作层次最高的经贸合作区。作为中白工业园开发公司的中方股东单位，国机集团充分发挥自身在全球进出口贸易和供应链服务方面的能力和优势，积极推进园区开发公司招商引资、多平台功能建设等重要工作，将中国工业化经验、中国装备、中国标准、中国智慧输送至海外。在中白工业园建设过程中，国机集团秉承绿色发展理念，注重保护当地生态环境，在规划时，完整保留了园区范围内的自然保护区、水系、15个村庄和13个种植园，园区污水经处理可以达到渔业养殖标准，园区内总体绿化率达到50%。

多年来，国机集团以提升"一带一路"沿线国家工业化水平为着力点，重点对接工业化、城市化建设的需求，致力于通过改善基础设施带动当地经济发展。阿根廷贝尔格拉诺货运铁路改造项目就是一个典型。

对于"世界粮仓"阿根廷而言，铁路交通的滞后导致其粮食产品在国

阿根廷贝尔格拉诺货运铁路修复改造项目

际贸易竞争中失去价格优势。2013 年 12 月，国机集团签署阿根廷贝尔格拉诺货运铁路改造项目总承包合同。在项目建设过程中，国机集团下属中设集团通过质量管理，用"精心"打造质量体系；通过技术创新，用"匠心"重塑质量内涵；通过设备监造和质量监检，用"良心"打造质量工程，为阿根廷的铁路建设提供了具有竞争力的服务和设备，改造项目竣工后，铁路年运量从 2013 年的 76 万吨增长到目前的 265 万吨。阿根廷高品质的大豆、小麦、玉米等农产品再次通过铁路运输，运费下降了 80%，在国际市场的竞争力极大提高。

党的二十大报告强调，要加快建设"制造强国""质量强国""网络强国""数字中国"。近年来，国机集团依托工业技术的数字化再造，形成了一批数字化、智能化的工业软件、服务平台和解决案例，助力多个行业的智能制造、数字化发展。研究推出"农机云""机械装备行业云"两项行业公有云平台，入选"第一批中央企业行业领域公有云项目清单"。农机云为农业生产全过程提供数字化综合解决方案，实现农机调度、在线维保、作业方案、农资调度等功能场景，目前接入农机数量达 50 万台以上。机械装备行业云致力于服务新型工业化，为机械装备生产者、使用者、交易者、服务者等，提供云平台服务、装备智能化、工厂数字化等整体解决方案。

作为中国工业化和新型工业化的践行者、全球经贸合作的参与者和推动者，国机集团有责任有信心有能力锻造国际产能合作和供应链融通的支撑力量。

新时代新征程，新使命新定位，国机集团将用好增强核心功能和提高核心竞争力"两个途径"，持续增强创新活力，持续增强对国有经济的战略支撑作用，发挥中央企业科技创新、产业控制、安全支撑"三个作用"，坚持"锻造国机所长，服务国家所需"，积极担当新型工业化建设的主力军，在持续创新中打造世界一流品牌，为以中国式现代化推进中华民族伟大复兴作出新的更大贡献！

中国五矿：

以科技创新之力　弘矿业报国之志

圆满建成北京冬奥会比赛场馆——国家雪车雪橇中心项目

>>>>>>>>> **企业简介**

中国五矿集团有限公司（简称中国五矿）成立于1950年，是以金属矿产为核心主业、由中央直接管理的国有重要骨干企业，国有资本投资公司试点企业。

截至2022年底，中国五矿资产总额超1万亿元，旗下有8家上市公司，包括中国中冶A+H两地上市公司，五矿资本、五矿发展、中钨高新、株冶集团、长远锂科五家内地上市公司，以及五矿资源、五矿地产两家香港上市公司；拥有以金属矿产、冶金建设、贸易物流、金融地产为"四梁"，以矿产开发、金属材料、新能源材料、冶金工程、基本建设、贸易物流、金融服务、房地产开发为"八柱"组成的"四梁八柱"业务体系，在全球率先打通从资源获取到勘探勘查、设计施工、采矿选矿、冶炼加工、贸易物流的全产业链通道。2022年公司营业收入突破9000亿元，在世界500强排名第65位。

步入新时代，中国五矿在习近平新时代中国特色社会主义思想的指引下，以成为"具有全球竞争力的世界一流金属矿产企业集团"为战略愿景，以"矿业报国、矿业强国"为初心使命，坚持世界一流的使命担当、坚持自主创新的引领作用、坚持问题导向的工作思维、坚持精益求精的品质坚守、坚持敢于胜利的奋斗精神，为打造成为具有全球竞争力的世界一流金属矿产企业集团而不懈奋斗。

当前，世界百年未有之大变局加速演进，新一轮科技革命和产业变革深入发展。对肩负强国建设、民族复兴的国资央企而言，唯有充分释放科技这个第一生产力，激活创新这个第一动力，才能为企业高质量发展不断提供新动能，才能加快推进"三个转变"，在新时期新阶段的国际市场竞争中赢得主动。

有着 70 余年改革发展历程、以金属矿产为核心主业的中国五矿，始终坚持以服务国家战略为首要任务，坚守"矿业报国、矿业强国"的初心使命，将科技创新作为提升企业竞争力的核心要素，持续加大科研投入和机制改革，有力推动科研成果应用转化，企业经营业绩稳步提升，品牌影响力不断增强。

强化战略引领，为科技兴企谋篇布局

习近平总书记指出，必须瞄准国家战略需求，系统布局关键创新资源，发挥产学研深度融合优势，不断在关键核心技术上取得新突破。

中国五矿以习近平总书记作出的"必须把创新作为引领发展的第一动力"的重大战略抉择为指引，将科技创新作为集团发展全局的"头号任务"，立足主责主业，进一步强化战略支撑，推进科技兴企，塑造发展新动能新优势。

在发展战略引领下，中国五矿基于战略性新兴产业、未来产业、原创技术策源地建设等加强布局。深入实施"十四五"科技创新"十百千"工程，分步部署 20 大矿产开发、20 大冶金工程、10 大金属材料、10 大新能源材料和 10 大基本建设领域攻关任务。启动实施原创技术策源地建设 11 项行动计划，以深部矿产资源开发、深海矿产资源开发、绿色低碳钢铁冶金、新能源及前沿材料、战略金属材料及应用、产业数字化等 6 大原创技术策源地建设为抓手，构建"全链条贯通、全要素汇聚、全场景融合、全方位支持"的未来产业发展体系，培育深部、深海等领域未来产业，开展

中国五矿所属长沙矿冶院牵头研制的"鲲龙500"海底采矿车

典型应用场景和重大工程建设。培育"专精特新"和"单项冠军"企业，加快钨、锂、镍、石墨、硅、锰等产品向高附加值环节迈进；围绕新能源电池材料超前布局，加强上下游协同贯通效能，打造闭合循环产业生态系统；把金属材料作为进口替代的发力点，加大研发力度，加快集成电路及芯片用多晶硅、电子级硅基前驱体突破，做大新材料新动力增长点。

"十四五"以来，中国五矿共申报并获批国家各类科技计划项目78项，其中牵头承担34项，涵盖战略性矿产、循环经济、深海和极地等重点专项。

推进机制改革，夯实科技创新基础

调整配方、优化工艺流程及参数、提高产品的质量、检验产品性能……中国五矿所属中钨高新柿竹园公司铋产业中心的中试车间内，经过70多次反复调试实验，铋深加工的系列产品开发实现了新突破。

中国五矿所属柿竹园公司东波选矿厂

"自主创新要有新的突破，科技激励机制引领很关键。"中钨高新所属柿竹园公司技术中心党支部书记伏彩萍深有体会地说。每年初，柿竹园公司聚焦生产运行过程中的技术难题，由科技专家委员会制定出《内部创新课题指南》，在全公司科技人员中进行竞标揭榜，鼓励多单位、多人申报同一课题。

"'揭榜挂帅'行动开展以来，取得了 26 项自主科研课题成果。2020年底公司开展了科研创新成果评选，设立科技创新奖励专项基金，加快推动创新成果项目转化，让科技工作者的创新创业动力十足。"伏彩萍说。

为充分释放创新活力，中国五矿围绕大局、顺应形势、开拓思路，大力破解科技创新体制机制顽瘴痼疾：探索构建"中央研究院＋科技型企业重点学科"的科技创新体系，首批推出 10 个重点学科建设，推动科技资源整合；坚持集团统筹与企业自驱相结合，充分发挥 45 个国家级科技平台、14 家成建制研究设计机构和 136 户科技型企业创新主体作用，加快关键核心技术攻关，同时引导激励各单位在擅长学科领域攻克"单项冠军"技术；出台《关于支持科技型企业体制机制创新的指导意见》和《关于支持鼓励"科改示范企业"进一步加大改革创新力度的工作方案》，进一步指导

"科改示范企业"等科技型企业探索突破；设立五矿科技创新发展基金，推动科技与金融协同发展、深度融合，支持企业开展重大核心关键共性技术攻关；构建由科技专项资金、科创基金、双创基金、产业基金、政府资金、企业自筹资金等构成的多层次、全生命周期科技金融体系，形成持续稳定的科技投入机制。

针对科技研发风险高、创新成果转化慢、科研人员积极性不足等难点痛点，中国五矿探索建立了科研人员与科研项目风险收益绑定机制，允许科研人员以现金出资参与项目研发，同项目单位签订书面协议，约定各方出资比例、资金使用、项目核算、成果收益分配以及项目清算等事项，条件成熟并完成项目清算，可注册成立合资公司。

中国五矿所属长沙矿冶院在新能源汽车退役动力蓄电池回收项目、新能源汽车退役动力电池梯级利用项目、高导电碳材料产业化技术开发项目、金磨科技项目等多个项目进行探索实践，运行良好且取得了显著成效。其中，金炉科技项目由科研项目成果转化注册新公司，长沙矿冶院占

中国五矿所属中国恩菲洛阳中硅高科实验室

股 60%，17 名核心技术人员占股 40%，近年来公司营业收入、净利润、净资产实现稳步增长，成为长沙市"瞪羚企业"。

同时，中国五矿还积极推动专项工资总额单列等政策落地，赋予科技人员和科研机构更大技术路线自主权、经费支配权、资源调度权，让创新"种子"纷纷萌芽、让创新"雨林"生机盎然。

推动工作实践，科技创新转化捷报频传

科技创新的价值在于实践转化，在于将其实践于生产经营、解决实际问题，将其转化为推动经济发展、社会进步的重要动能。

近年来，中国五矿充分发挥企业创新主体作用，在体制机制的保驾护航下，围绕产业低碳化、智慧化、高端化发展趋势，加快研发一批低碳技

中国五矿所属五矿盐湖的科技研发团队

术、低碳工艺、低碳装备，一系列科技创新成果成效快速涌现。

金属表面清理工艺是金属加工过程及涂层保护中不可缺少的重要工序，而传统的金属表面清理工艺为酸洗、抛丸等，会伴生废酸及粉尘污染等环境问题。作为以金属材料为主营业务之一的中国五矿，多年来深入研究相关工艺工法，最终创新研发出了"在线高压水射流喷砂表面清理系统"，不仅有效解决了传统工艺的环境污染问题、酸洗工艺铁损问题，实现金属表面清理过程中"三废"的零排放，有效保护空气、土壤和地下水资源，还实现了废渣的资源化利用。其清洗成本低、应用范围广、绿色环保等特点，进一步为我国钢铁等行业的低碳可持续发展增效添"绿"。目前，该系统已应用于 5 大系列在线高压水射流清理装备，成功获评第二十三届中国专利金奖。

所属中钨高新深圳金洲公司成功研制出直径 0.01mm 的全球最细极小

"在线高压水射流喷砂表面清理系统"发明专利荣获中国专利金奖

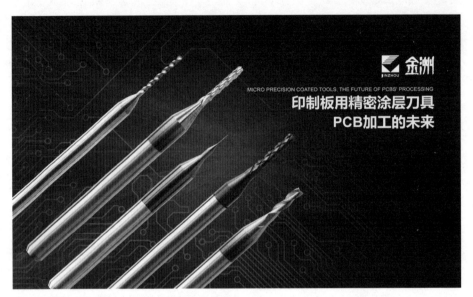

成功研制出直径 0.01mm 的全球最细极小径铣刀

径铣刀，利用这种铣刀在一根头发丝上能够铣出 7 个字母，在一粒米上成功铣出 56 个汉字，突破了微型精密刀具的"卡脖子"技术，在全球同行业中实现了从起步、跟跑、并跑到领跑的跨越。

所属中冶集团的中冶赛迪自 2008 年起就启动研发短流程炼钢关键技术及装备，经过 10 余年攻关，先后推出绿色智能电弧炉、超级电弧炉，首创废钢阶梯分料 + 阶梯扰动废钢预热技术，电能利用效率提升 10% 以上，电极消耗降低 40% 到 50%，目前已在部分地区应用。

以所属长沙矿冶院为依托单位的深海矿产资源开发利用技术国家重点实验室，先后完成世界首次海底自行式深海多金属结核采矿系统 1000 米级整体联动试验和我国首次 500 米级混输智能装备系统海上试验，实现了我国深海采矿技术从浅海向深海、从单体到联动的跨越，标志着我国深海资源开发技术水平整体进入国际第一梯队。

在国内首次开启氢冶金短流程用于高端装备制造，对构建氢冶金短流程进行了实践开拓，引领世界氢能源开发和利用工程发展；圆满建成北京

经过 10 余年攻关推出的超级电弧炉（设计效果图）

冬奥会比赛场馆中设计难度最高、施工难度最大的国家雪车雪橇中心项目，实现多个"中国首创"，成功问鼎鲁班奖；着力开展绿色化低碳化技术研究，应用推动源头减碳、过程控碳、末端去碳，钢铁八大部位 19 个业务单元低碳新工艺及核心装备取得多项技术突破，引领钢铁行业技术革新……

2021 年以来，中国五矿 5 项重大科技成果获年度国家科技奖励，17 项发明专利获评中国专利奖，新增授权发明专利超 5400 件。当前，中国五矿有效专利超 5.4 万件，有效发明专利拥有量占有效专利拥有量比重 27.8%；累计获得国家科学技术奖励近 200 项，主持或参与制定国际、国家及行业标准 1800 余项，科技力量不断增强，创新活力充分释放，实践成果竞相涌现。

中国五矿 2023 年度工作会议重点强调："要坚持创新在高质量发展全局中的核心地位，深入推进创新五矿建设、人才强企行动计划，激发形成科技引领创新、人才驱动创新、创新驱动发展的生动局面。"如今，科技创新已成为中国五矿高质量发展永不停转的动力引擎，也将继续推动中国五矿在革故鼎新、守正出新中不断焕发新的生机与活力。

中国化学：

加快打造"两商" 塑造高质量发展新动能

中国规模最大生产线气凝胶项目——华陆新材硅基气凝胶复合材料项目

>>>>>>>>>> **企业简介**

中国化学工程集团有限公司（简称中国化学）是我国化工领域资质最齐全、功能最完备、业务链最完整、知识技术密集的国际工程公司，是石油和化学工业工程领域的国家队，在油气服务领域稳居全球第一。

中国化学前身是成立于 1953 年的国家重工业部化学工业管理局，为解决全国人民"吃饭穿衣"问题应运而生，承建了我国 90% 化工项目、70% 石油化工项目、30% 炼油项目，在国内外建设了 7 万多套化工装置，为新中国构建独立完整化学工业体系、促进经济社会发展、增进"一带一路"沿线国家人民福祉作出重要贡献。

中国化学业务覆盖化工、石化、炼油、建筑、市政、电力、公路、水利、机电等行业领域。能够为客户提供化工厂和化工园区规划、咨询、设计、投资、建造、运营、检维修全生命周期服务，是我国工业工程领域综合解决方案服务商。

中国化学是国家首批"创新型企业"，拥有 13 个国家级企业技术中心、1 个国家能源研发中心、23 家高新技术企业、7 个博士后工作站和 1200 人的"科学家＋工程师"科研队伍，突破了己二腈、冷氢化法多晶硅、POE 弹性体、高端环保催化剂等一批"卡脖子"关键核心技术，全面推进"科技研发＋技术转让＋特色实业"一体化发展，是我国高端化学品和先进材料供应商。

2023 年，中国化学加快推进产业链融合发展，积极组织多场活动，并在活动期间与地方政府、国家重点高校、国内外相关企业签署合作协议，总投资超 1500 亿元。这无疑是中国化学落实"三个转变"，以科技创新引领企业高质量发展的生动实践。

近年来，中国化学深入学习领会习近平总书记关于"科技自立自强""核心技术是国之重器"等指示精神，切实增强加快科技创新的责任感、使命感和紧迫感，围绕工业工程领域综合解决方案服务商、高端化学品和先进材料供应商"两商"的打造，重点开展产业链"补链、强链、延链"关键核心技术研发，不断提升对产业链核心环节和关键领域的掌控力，开创了科技创新助推高质量发展的良好局面。

中国化学科学技术研究有限公司（中国化学科研院）

中国化学科学技术研究有限公司日本分院

优化体制机制，不断夯实发展根基

科技自立自强，首先要夯实根基，培育创新沃土。中国化学在"三年五年规划，十年三十年愿景目标"企业中长期发展战略中，着重制定科技发展子战略，同时在"十四五"规划中专门制定科技发展专项规划，完善科技创新引领高质量发展蓝图。

2019 年，中国化学科研院日本分院成立，其不仅标志着中国化学科技研发资源向海外聚集，也意味着中国化学在打造产业技术协同创新平台上迈出了坚实的一步。

近年来，中国化学重点建立了"1 总院 + 多分院 +N 平台"开放式科技创新平台。"1 总院"即中国化学科研总院，承担研发战略制定、研发方向统筹、核心人才引进和培养、对外技术合作等职责，统筹和优化科技创

中国化学环保研究院

新资源，推动形成创新合力。"多分院"即下设的 9 家分院，包括北京、天津、武汉、桂林、合肥、西安、上海等 7 家国内分院，以及日本、欧洲等 2 家海外分院。"N 平台"即集团与大连化物所、上海高研院、成都有机所等中科院院所，天津大学、大连理工大学、华东理工大学、北京化工大学等知名高校，针对特定技术深度合作建设的一批联合研发平台。

机制创新是科技创新的重要保障。中国化学不断健全科技创新管理机制，出台《关于推进所属企业科技创新激励保障机制建设的指导意见》等相关文件，明确"四个 15%""两个五年"激励政策，即科技成果对外转让或许可净收入、科技成果实施转化税后净利润、工艺技术优化节约的生产成本等均可提取 15%，实业项目核心员工跟投 15%，核心团队人员跟投延迟五年退股、延迟五年退休，并且激励额度在集团内部工资总额中单列。

人才是中国化学发展的第一资源。中国化学持续强化科技人才队伍建设，面向全球招才引智，引进在知名跨国企业、中科院等有实操经验的高端科研人才，组建了 1200 人的"科学家＋工程师"的科研团队。

为激发员工干事创业的积极性，中国化学采用"一班两制""一院两制"等灵活的薪酬模式，在科研院经理层试行职业经理人管理，在科研人员中试行契约化管理，使薪酬水平拉开差距；坚持特殊人才特殊激励，赋予科研人员更大自主权，保障科研人员在研发阶段的合理收入，让人才专心致志搞好研究。

为打造可持续发展动能，中国化学积极探索建立、拓宽、畅通科研人才成长成才通道和职业发展空间，推动集团层面《"一十百千"人才工程规划》落地，评选出集团公司首席科学家、集团公司级科学家、集团公司级工程技术专家等，完善科技人才职业发展通道；确定院士、全国工程勘察设计大师等培养对象，在平台、资金、团队、项目上给予充分保障，加强科研领军人才的重点培养。

聚焦关键技术，打造优势实业技术

中国化学发挥自身优势，努力打造高端尼龙原创技术策源地和高端尼龙产业示范基地。

尼龙 6 是一种高分子化合物，广泛应用于纺织业、工业、汽车、电子等领域。中国化学依托自有技术在福建建设了尼龙 6 的单体——20 万吨 / 年己内酰胺装置，依靠自身技术创新优势，不断进行节能、降耗、提质技术改进，生产规模扩大至 33 万吨 / 年，创全球单线最大产能纪录，各项性能指标居行业领先水平，累计盈利 20 多亿元。

相比尼龙 6，尼龙 66 的硬度比较高，更适合做工程塑料和工业纤维，同时也更密实、更耐磨、更抗化学腐蚀，各方面性能均较优异。长期以来，我国生产尼龙 66 的原料"己二腈"完全从国外进口，生产技术被国外跨国公司封锁。在解决己二腈"卡脖子"问题上，中国化学所属中国天辰工程有限公司历时近十年成功研发丁二烯法己二腈技术，2019 年在山东淄

全球单线产能最大的己内酰胺生产线，公司首个实业工厂

博投资 200 亿建设高端尼龙产品催化剂生产基地、50 万吨 / 年己二腈及尼龙 66 系列产品项目，一期 20 万吨装置已于 2022 年 7 月底打通全部生产流程，产出优级产品。待全部投产后，将彻底改变我国尼龙 66 系列产品受制于人的局面。

此外，中国化学还研发布局了高温尼龙、长链尼龙、特种尼龙等系列高端尼龙产品，以补齐国内高端尼龙产业链，带动下游产业的健康可持续发展。

聚烯烃是一种高分子材料，主要用于制造薄膜、管材、板材、各种成型制品、电线电缆等。我国是聚烯烃生产大国，但也是聚烯烃进口大国，高端聚烯烃如茂金属聚烯烃、用于电池隔膜的超高分子量聚乙烯、用于光学仪器镜头的环烯烃聚合物尚无法工业生产。目前，由中国化学自主研发的超高分子量聚乙烯已通过电池隔膜企业的性能测试，正与下游企业联合推动产业化应用。同时，还开展了茂金属聚烯烃弹性体（POE）的研发工作，目前已完成 POE 小试研发，正在山东建设 500 吨/年全流程中试示范项目。

可降解塑料项目是中国化学践行"两山"理论，服务"双碳"战略的生动实践，也是中央企业肩负国家治理"白色污染"的一项重任。中国化学所属东华工程科技股份有限公司依托自有催化剂技术在新疆投资建设 50 万吨/年 PBAT 项目，一期 10 万吨项目已于 2022 年 6 月开车成功，顺利产出优质产品，目前还研发布局了 PBS 等多种可降解塑料产品。

催化剂是化学工业中不可或缺的重要组成部分。中国化学在山东淄博建设的高端催化剂生产基地，可为己二腈、己内酰胺及其他自主研发技术生产催化剂，保证实业项目技术竞争力和盈利能力。中国化学研发的内燃机尾气催化剂已通过相关企业测试，目前正在推动建设工业生产线，未来将有效减少国内车企对进口尾气催化剂的依赖。

突破己二腈"卡脖子"技术，中国首台套丁二烯法己二腈工业化生产项目——天辰齐翔新材料项目

肩负国家治理"白色污染"重任的东华天业 PBAT 项目

响应国家战略，推动产业绿色发展

近年来，中国化学加大在新能源领域的投入力度，积极推动氢能、光伏、节能材料等产业关键技术的研发和应用。

氢能产业方面，中国化学聚焦城市垃圾的无害化处理、资源化利用和氢能储运的安全性、经济性等问题，研发了垃圾清洁气化耦合制氢技术、甲基环己烷（MCH）储氢技术，在北京房山建设的 2 吨 / 天超高温固废气化制氢油示范项目、在山东滕州建设的 30 吨 / 天生活垃圾固定床熔渣气化中试项目均开车成功，MCH 储氢技术完成中试验证。

光伏产业方面，多晶硅是光伏和电子产业的重要基础原料，中国化学所属华陆公司经过多年持续攻关，成功突破多晶硅冷氢化核心技术，使吨

全球首套常温常压有机液体储氢加注一体化装置

产品能耗下降 90%，生产成本大幅降低，达到国际先进水平，直接带动光伏发电成本与火电相当，使我国成为太阳能电池板出口第一大国。中国化学承担的多晶硅项目达产后，预计贡献清洁能源年发电约 200GW，减少碳排放 3.5 亿吨。

节能材料方面，中国化学所属华陆公司开发了硅基纳米气凝胶材料技术。硅基气凝胶具有超轻、超低热导率和可设计性强等优异特性，在航空航天、国防等高技术领域及建筑、工业管道隔热保温等民用领域都有广泛的应用前景，入选了《国家重点节能低碳技术推广目录》。保守估算，气凝胶绝热材料的全面使用可降低 40%—50% 的工业高温输送散热损失，节能量占工业整体能耗的 8%—10%。华陆公司在重庆投资建设的 5 万方/年硅基纳米气凝胶产业化项目已于 2022 年 2 月底投产，未来气凝胶生产规模将

全球首台套全钢胎面五复合橡胶挤出机，获中国专利金奖

扩充至 30 万方 / 年。

中国化学积极践行绿色发展理念，把化工及环境污染治理作为重要工作，利用自有技术助力打赢污染防治攻坚战，积极发展水环境治理、土壤修复、固废危废处理等业务，先后承担了全球最大的焦化污水综合处理项目、河北雄安新区和浙江温州皮革废料发电厂等 160 多项大中型化工及环境污染治理工程。

"共抓大保护，不搞大开发。"这是习近平总书记对于长江大保护的谆谆教导和殷切嘱托。中国化学积极参与长江大保护综合性生态修复，承建重庆苦竹溪生态修复项目，通过水生态修复、岸线生态修复，构建"河滩—消落带—草甸—湿地—林地"的多维立体生境，实现城市与自然生态和谐共生。

采用自有技术环氧丙烷项目——天辰泉州 HPPO 项目

　　未来，中国化学将继续深入贯彻落实党中央决策部署，认真落实国务院国资委工作要求，推动"三个转变"，全面落实创新驱动发展战略和科技自立自强战略，以问题为导向，以需求为指引，以技术为支撑，坚持系统布局、前瞻引领、重点突破，加快打造"两商"的战略步伐，建设世界一流企业，为中国式现代化建设和中华民族伟大复兴贡献新的更大力量！

中国中车：
自主创新让中国高铁"金名片"更加闪亮

中国中车研制的印尼雅万高速动车组

>>>>>>>> 企业简介

　　中国中车集团有限公司（简称中国中车或中车）是经国务院同意，国务院国有资产监督管理委员会批准，在原中国北方机车车辆工业集团公司和中国南车集团公司合并基础上组建，成立于 2015 年 9 月。总部设在北京，拥有员工近 17 万人。

　　中国中车具有悠久的历史，16 家子公司的历史超过百年。最早的子企业诞生于 1881 年，至今已有 143 年。

　　今天的中车，已成长为以轨道交通装备为核心，具有全球竞争力的世界一流高端装备制造商和系统解决方案提供商，持续位列世界 500 强，品牌价值位居中国机械设备制造领域榜首。目前，中国中车构建起了"一核三极多点"的产业大格局，持续为全球用户创造价值。

　　乘"一带一路"与"走出去"的东风，中车出海扬帆，全谱系产品与超一流服务遍布全球六大洲 110 多个国家和地区。从"本土化"到"国际化"，从"走出去"到"留下来"再到"座上宾"，中车跨国经营实现了"产品市场全球化覆盖、产品类型高端化升级、商业模式多元化转型、业务范围多极化延伸、出口理念本土化转变"的"五大转变"。

　　星河浩瀚，人类文明的每一次进步，都跃动创新的强劲脉动。大潮涌动、千帆竞发的今天，创新，更以前所未有的速度和规模，奔腾在中华民族伟大复兴的潮头。"必须把创新作为引领发展的第一动力。"党的十八大以来，以习近平同志为核心的党中央实施创新驱动发展战略，加快建设创新型国家，吹响建设世界科技强国的号角。习近平总书记"三个转变"的重要指示，为中国制造高质量发展指明了方向。作为中国高端装备制造业的中流砥柱，中国中车争当推进"三个转变"的排头兵，承载"大国重器、产业引擎"初心，勇担"产业报国、装备强国"重任，以自主创新回答时代之问，以自立自强诠释央企使命，以领先领跑铸造国之脊梁，在新时代发展的恢宏中留下从追赶到领跑的厚重篇章。

中国中车研制的奥运版"复兴号"智能动车组

战略经纬 车行大道地阔天宽

中车发轫于143年前中国民族工业诞生之时,百年历程始终将创新作为持续领先领跑,铸就大国重器,擦亮国家名片的第一动力。

创新指向何处?理念引领行动,嘱托指明方向。

2015年7月,习近平总书记视察中国中车时强调:"要把装备制造业作为重要产业,奋力抢占世界制高点、掌控技术话语权,使我国成为现代装备制造大国和强国。"

因车而生,以车而兴、驭车以盛,这就是中车科技创新的航标。一系列关隘的攻破迫在眉睫,关键技术亟待持续攻关,优质资源需要更加集聚,行业引领地位和能力亟须提高……只有通过改革,破除体制性障碍、打通机制性梗阻、推出政策性创新,才能最大限度解放和激发科技创新的巨大潜能。

道远,行则将至——

全面发力,多点突破。体系创新、产品创新、能力创新"三大工程"向纵深推进。

夯基垒台。"1+5"科改制度正式发布,一张中车特色的科技创新顶层设计蓝图渐次铺开。

立柱架梁。重塑"两纵两横一贯通"科技创新体系,形成清晰的技术创新战略层级。

守"重"创新。聚焦关键技术、核心业务和薄弱环节,大胆实施"揭榜挂帅""赛马"工程,始终坚持技术创新战略基点。

先行先试。国家高速列车技术创新中心、国家先进轨道交通装备创新中心在青岛、株洲成立,探索国家科技管理和科技体制机制创新模式。

强基固本。2个国家级创新中心、11个国家级研发机构、21家国家级企业技术中心、47个省部级研发机构和18个海外研发中心……协同创新平台成为企业创新的强力支撑。

激发活力。实现创新发展的"关键一程"上，科研投入比例连续超过5%，新产品贡献率超过60%。

……

以战略为先导、向改革要动力，从科技创新长远谋划，到搭建制度机制四梁八柱，再到激发创新潜力的一系列实招硬招，中车创新活力不断迸发。

方向准，路子对，车行于道，地阔天宽。

追赶超越　自立自强国家名片

出海!

2023年10月，雅万高铁正式开通运营，中国高铁走出去"第一单"迎来历史性突破。依托"复兴号"中国标准动车组先进成熟技术平台，中国中车为雅万高铁量身定制的高速动车组，引领印尼步入高铁时代。中国技术、中国标准"走出去"再立标杆。习近平总书记赞誉，雅万高铁是中印尼共建"一带一路"合作的"金字招牌"。

恰是十年一越，几多壮志凌云。

这是打造中国标准、掌握关键核心技术的厚积薄发，也是中国中车从科技自立自强的深度推进品牌建设，向创新体系、创新资源、创新成果转化发力，积极构建轨道交通装备现代化产业体系的实践成果。

2012年，中车以中国标准为主导，开启时速350公里"复兴号"中国标准动车组研制。从项目启动到研制成功，历经5年攻关，在各项关键技术方面实现重要突破，采用的254项重要标准中，中国标准占到84%，具有完全自主知识产权。自此，中国成为新的竞赛规则的重要制定者、新的竞赛场地的重要主导者。

目前，中车已经成功研制覆盖时速160—350公里不同速度等级，涵盖高寒、高原、智能、绿色等各种复杂运营环境和需求的全谱系、全系列

中国中车研制的亚运版复兴号

"复兴号"动车组。复兴号以时速 350 公里树立了世界铁路商业运营新标杆。京张智能动车组在世界上首次实现时速 350 公里的自动驾驶。"复兴号"动车组历史性地实现对大陆 31 个省区市的全覆盖。

"复兴号"奔驰在祖国广袤的大地上!

2021 年 1 月,习近平总书记乘坐京张高铁考察北京冬奥会、冬残奥会筹办工作时指出,"我国自主创新的一个成功范例就是高铁,从无到有,从引进、消化、吸收再创新到自主创新,现在已经领跑世界。"

坐着高铁看中国。4000 多列高速动车组飞驰在 4.5 万公里的高铁线路上,"八纵八横"高铁网加密成型,承载中国驶向更加美好的新时代。

这是科技创新、制度创新协同作用的深入探索——

贴地飞行! 2021 年 7 月 20 日,一声嘹亮的风笛,时速 600 公里高速磁浮交通系统在青岛成功下线,标志着我国掌握了高速磁浮成套技术和工程化能力,对于抢占科技竞争制高点、支撑"科技强国""交通强国"战略

中国中车研制的时速 600 公里高速磁浮列车

具有深远意义。

中车再一次站在引领行业技术发展的前沿。

以技术链为牵引，高效配置资源，围绕"基础前沿研究、共性关键技术研发、集成与应用示范"全链条联合攻关，形成极具特色的"中车模式"。

集结精锐，面向全社会组建产学研用相结合的高效协同创新团队，最大程度实现目标聚焦、成果共享。

一把手挂帅，精准发挥子企业创新差异化优势，实施立体矩阵式管理，保障项目强力推进。

顶层设计、顶尖团队、高端保障，横向到边、纵向到底。

捷报频传。时速 400 公里跨国互联互通高速动车组、时速 350 公里货运动车组……一项项引领性科研成果持续涌现，成为中车科技自立自强的代表作。

这是协同创新突破、锤炼主业优势的孜孜以求——

2018 年 8 月，德国柏林国际轨道交通技术展，中车新一代全碳纤维地铁车辆,引领地铁车辆驶入更加绿色智能"新时代"。

2021年10月,具有完全自主知识产权的系列化中国标准地铁列车产品平台正式发布,为中国城轨装备协同发展提出解决方案。

2021年6月,全球首台最大功率电力机车"神24"正式上线运营,开创了12‰坡道上牵引万吨货物列车的新纪录。我国铁路重载技术创新实现重大突破。

技术集中研究、产品联合设计、能力共建共享——中车协同创新体系下,一颗颗明星镶嵌在世界轨道交通装备的里程碑上。

这是勇闯蓝海、输出中车方案的百花盛放——

中车递给世界的闪亮名片,起于装备硬核,覆盖焕新产业多点,底色铺满创新基因。

2021年北京国际风能大会上,充满自信的中车声音:"风电装备是中车未来业务版图的重要一极。"

信心来自实力。2022年初春,中车松原新能源产业基地项目全面启动,

中国中车研制的世界最大功率电力机车

中车风电

7 月，首台套风电整机产品下线，再次展现"百天签约开工、百天成品下线"的中车实力。

实力来自艰苦攀越。从 2.5MW 到 5.X MW 风电整机谱系化产品，从海上半直驱永磁发电机到模块化分瓣直驱永磁风力发电机，每一项核心成果，都浸透技术攻关的中车智慧。

2022 年 8 月，中国中车 L4 级无人驾驶微循环巴士"小 V"，作为智能驾驶最新科研成果，闯入公众视野，成为中车新能源客车平台的又一代表作。

融合高铁核心技术，搭建新能源商用车全产业链，纯电动系列公交车型、天然气插电式车型、纯电动 BRT 平台车型，最长可达 18 米，"胶轮上的高铁"成为又一张响当当的中车名片。

深耕蓝海，从赶潮到赶超，从来都是勇敢者的主赛场。

以绿色发展理念为纲，打造轨道交通装备和清洁能源装备"双赛道双

中国中车生产研制的风电叶片

集群","双碳战略"的战场上,"中车方案"从未让人失望。

风电、新能源、新材料……累累硕果见证超越之路。新产业御风而行,树立中车战略新支撑。

创新无界,道途弥坚,中车自立自强的步伐行稳致远。

中流击水 风驰电掣强国征程

世界纪录!

2023年6月,CR450动车组创造相对交会时速891公里的世界纪录。

进击科技制高点,中车再次亮剑。

科技创新已经成为当今国际战略博弈的主要战场。"中央企业等国有企业要勇挑重担、敢打头阵,勇当原创技术的'策源地'、现代产业链的'链长'。"

顶梁柱，顶得住。2022 年 7 月，中央企业负责人研讨班上作为策源地建设企业代表发言：“中车将争当‘五个典范’，坚决当好打造原创技术策源地的先行军、国家队！”

“中车承诺”背后，是“功成不必在我，功成必定有我”的初心不改，是立足“四个面向”、进军世界一流的宏大布局。

以高速动车组为例，其涉及原材料、电子电器、精密仪器等 10 多个行业，全产业链企业遍及全球 13 个国家和地区，涉及全国 20 余个省市、100 多个地市，2100 余家核心配套企业。

创新链与产业链深度融合，形成高效的产业创新生态，必将产生更大飞跃。

探索“大科研”、组建“大兵团”。

“一链带多核、一链多平台、多链共平台”，以中车为主体，50 余家高校和科研院所、30 余家央企、2000 余家产业链上下游企业协同攻关，打造

中国中车研制的智轨列车

科技创新联合舰队。

万千人才"引智"入中车，3.6 万人组成中车科技人才方阵，千里马竞相奔腾。

"链长"牵引，打造多个区域性千亿级产业集群，拉动产业链主体单位"卡脖子攻关""补技术短板"工程，带动核心技术创新突破，核心零部件攻关跟跑并跑一体推进……一批引领行业的国家重点实验室、科技创新基地建设加快推进。

……

一流的中车创新生态系统正加速形成。

善为者善成。

强国复兴的历史征程中，中车人的创新足迹大步行进。

逐梦道路上，一枚枚勋章滚烫——

主持和参与制修订国际标准 89 项、国家标准 239 项，拥有有效专利 25901 项，获得国家科学技术奖 12 项，获评全国创新争先奖、科技创新突出贡献企业、中央企业十大创新团队、年度榜样品牌……

与你同行中，一次次连接温暖——

雅万高铁成为中印尼"一带一路"合作的"金字招牌"，中老铁路助力老挝从"陆锁国"变为"陆联国"，中欧班列成为贯通亚欧陆运干线的"钢铁驼队"，亚吉铁路成为东非地区的交通大动脉……中车产品服务全球 110 多个国家和地区，成为沟通世界、开放合作、互利共赢、文化融合的重要纽带，推动打造世界轨道交通命运共同体。

透过时间的标尺，新时代的中车，实现一次又一次非凡的抵达。

"加快建设世界一流中车，铸造世人惊叹、国人自豪、令人信赖、受人尊敬的中国品牌。"以轨道铺就的经纬上，一个朝气蓬勃的创新中车向更新的发展坐标奔去，而一个更加充满活力的创新中国正向我们大踏步走来。

中国中铁：

激发创新活力 勇当开路先锋

世界最长公铁两用跨海大桥——平潭海峡公铁大桥

>>>>>>>>> **企业简介**

中国中铁股份有限公司（简称中国中铁）是全球基础设施建设领域规模最大、实力最强的多功能综合型建设产业集团之一，集设计咨询、工程建造、装备制造、特色地产、资产经营、资源利用、金融物贸、新兴产业等业务于一体，能够为全球客户提供全生命周期的综合一体化服务。

公司拥有一百多年的历史源流，是世界高铁建设的领航者、中国铁路建设的主力军、国家公路网建设和城市轨道交通建设的排头兵、桥梁建造和隧道建设的国家队，在全球基础设施和互联互通领域拥有领军优势，已连续18年进入世界企业500强，位列2023年《财富》世界500强企业第39位、中国企业500强第10位。

2014 年 5 月 10 日，习近平总书记在视察中国中铁装备集团盾构总装车间时作出了"推动中国制造向中国创造转变、中国速度向中国质量转变、中国产品向中国品牌转变"的重要指示，为我国经济高质量发展指明了方向、提供了根本遵循。2017 年 4 月 24 日，国务院批准将每年 5 月 10 日设立为"中国品牌日"。

肩负重托，砥砺前行。十年来，中国中铁作为"三个转变"重要指示首倡地和"中国品牌日"的发源地，始终胸怀"国之大者"，在深入践行"三个转变"重要指示过程中，牢牢抓住"创新"这个牛鼻子，坚持以科技创新为引领、以管理创新为保障、以文化创新为动能，全力打造原创技术策源地和现代产业链链长，推动各项经济指标连年刷新历史新高，营业总收入和新签合同额分别迈上一万亿和三万亿大关，《财富》世界 500 强排名第 39 位，奋力谱写中国式现代化建设的中铁篇章。

坚持以科技创新为引领

在郑州市管城回族区第六大街 99 号，坐落着中国中铁装备集团盾构总装车间，一台台科技含量十足的盾构机从这里出发，服务全国以及世界各地的隧道工程，成为畅销海内外的国产高端装备。

十年前，也是在这里，习近平总书记对现场科技人员和职工攻克科研难题、突破盾构机系统集成技术壁垒的自主创新给予肯定。习近平总书记指出："装备制造业是一个国家制造业的脊梁，目前我国装备制造业还有许多短板，要加大投入、加强研发、加快发展，努力占领世界制高点、掌控技术话语权，使我国成为现代装备制造业大国。"

牢记习近平总书记嘱托，中国中铁装备集团依托我国完备的产业体系及配套优势，积极打造隧道掘进机原创技术策源地，携手上下游 500 多家企业和相关研发机构，成立了重大专项研究院，突破了大排量泵、主驱动密封、可编制控制器 PLC、主轴承等多项"卡脖子"技术，实现核心零部

2020年5月，由中国中铁参与研制的首批国产化6米级盾构主轴承、减速机通过试验检测并顺利发布（中国中铁供图）

件自主研制及应用，为掘进机产业安全、健康发展提供重要保障。

惟创新者强，惟创新者胜。得益于过硬的技术储备，工程师们在创新上愈发得心应手，近年来平均每年下线两台首创产品：全球首台全断面硬岩竖井掘进机、全球首台马蹄形盾构机、全球首创超小转弯半径硬岩掘进机、全球首台能爬陡坡的大直径硬岩掘进机……一系列具有标志性意义的新产品接连下线。如今，中国中铁装备集团盾构机订单总数已超过1600台，出口全球30多个国家和地区，产销量连续6年世界第一。

窥一斑而知全豹，盾构机的突破正是企业多年来坚持科技创新的生动缩影。作为基础设施建设行业的领军企业，中国中铁将科技创新摆在企业发展全局的突出位置，持续加大自主创新研发投入，联合产业上下游、产学研力量，在智能高铁、智能高速公路、智慧城市、装备制造等方面，加快突破一批前沿技术，加快锻造一批长板技术，加快新技术在国家重点工

国家跳台滑雪中心"雪如意"

程建设中的实践运用，努力打造现代产业链链长，不断推动中国智造品牌强起来。累计获得国家科学技术进步奖和发明奖 127 项，其中特等奖 5 项、一等奖 16 项。参建的京张高铁、拉林铁路、沪苏通长江大桥、平潭海峡公铁两用大桥、大柱山隧道等一大批重点工程创造了诸多世界第一。

创新频结硕果，根本在于人才。2022 年 8 月，一场特殊的聘任仪式在中国中铁总部首次上演。公司主要领导亲自将中国中铁首席科学家、高级专家聘书递到中国工程院院士秦顺全、高宗余以及高级专家代表手中，并表达了公司上下对科技人才的关心和重视。

近年来，中国中铁大力实施新时代人才强企战略，积极营造尊重劳动、尊重知识、尊重人才、尊重创造的鲜明导向和良好环境，打造了以院士、全国工程勘察设计大师为引领，3 万多名高级专业技术人才为骨干，10 万多名一线技术工匠为基础的创新人才队伍体系，成为推动企业实现高质量发展的中坚力量。

坚持以管理创新为保障

习近平总书记强调，要深化科技体制改革和人才发展体制机制改革，形成支持全面创新的基础制度，多元化加大科技投入，加强知识产权法治保障，充分激发各类人才创新活力。

作为国家首批创新型企业，中国中铁深入贯彻落实习近平总书记关于科技创新的重要论述，不断推动以科技体制机制改革和人才发展体制机制改革为核心的管理创新：依托拥有的"高速铁路建造技术""隧道掘进机及智能运维""桥梁智能与绿色建造"3 个国家实验室（工程研究中心）和 18 个国家认定的企业技术中心，建立了以各级企业为主体、市场为导向的"三级四层"创新体系；深入推进科改示范企业建设，实施"揭榜挂帅"

贵阳至南宁高速铁路

机制和岗位分工，全方位激励科研人员创新创造，所属两家"科改示范企业"分获国务院国资委"标杆"和"优秀"评级；围绕产业链部署创新链、围绕创新链布局产业链，引导设计、施工、工业制造、科研板块开展更加紧密的协同创新；将创新成果转化为生产力作为衡量创新价值的重要标准，努力成为产业发展方向的引领者。

2020 年 5 月 10 日，在公司与国务院国资委联合举办的第三届中国品牌战略发展论坛上，中国中铁"三个转变"研究院正式揭牌成立，这是公司深入践行习近平总书记"三个转变"重要指示，全面提升企业创新实力的又一重要举措。

借助研究院的平台优势，中国中铁积极开展推动"三个转变"路径方法的理论研究和实践探索，明确 15 项创新发展举措，清单化梳理科技创新重点任务、管理创新重点任务，形成了一批管理课题成果，累计获得《全

滁州至南京城际铁路

国产首台高原高寒大直径硬岩掘进机"雪域先锋号"（中国中铁供图）

国企业管理创新现代化成果》一等成果 4 项、二等成果 63 项，为打造世界一流的中国创造、中国质量、中国品牌提供了智力支持。

企业搭台，人才唱戏。中国中铁不断完善各类创新人才管理办法和激励机制，面向 13 家科技型企业关键核心人才实施岗位分红激励，有效实现员工利益和企业效益紧密捆绑，共担风险、共享成果，激发企业创新创造活力；设立一批创新工作室，加强院士、全国工程勘察设计大师、科技领军人才的选拔培养，定期评选科技标兵、特级技师、工匠技师，为科技人员和技术工人提供平台。

正是凭借广大科技人员夜以继日地潜心攻关，中国中铁取得了一大批具有自主知识产权的核心技术。在高速铁路、高原铁路、重载铁路、电气化铁路、桥梁工程、隧道及地下工程、铁路道岔、盾构制造等八大领域始终保持国际领先水平，特别是系统掌握了不同地质结构、不同气候环境、不同轨道类型等多种条件下的高速铁路建造技术，铸就了"中国高铁""中国大桥""中国隧道""中国装备"等一系列亮丽的国家名片。

坚持以文化创新为动能

科技工作充满艰难险阻，科研成就离不开精神支撑。作为一家"百年老店"，中国中铁有着独特的精神文化传承，激励着一代代中国中铁人矢志创新、筑路报国。

走进中国中铁企业文化展览馆，一面印有"开路先锋"字样的鲜红旗帜虽饱经沧桑，却依旧耀眼夺目。

"1950 年，在新中国修建的第一条铁路成渝铁路开工典礼上，贺龙、邓小平同志将这面旗帜亲自授予我们，从此开启了中国中铁逢山开路、遇水架桥的征程。"展厅讲解员自豪地介绍道。

时间拨回到 2019 年 1 月 16 日，习近平总书记在雄安新区规划展示中心，通过大屏幕连线中国中铁京雄城际铁路建设者时，勉励大家说："城市建设、经济发展，交通要先行，你们正在为雄安新区建设这个'千年大计'做着开路先锋的工作，功不可没。"

跨越时空，习近平总书记的话语不仅赋予了中国中铁光荣的责任和使命，更赋予了"开路先锋"新的时代内涵。

奋进新征程，中国中铁深刻认识到文化赋能、精神支撑在推动科技创新步伐、加快世界一流企业建设中的重要作用。为此，公司党委把"开路先锋"文化重构工作摆上日程，系统全面总结中国中铁百年奋斗历程中积累的优秀文化成果，提炼形成以"四大核心价值理念"和"八项具体工作理念"为四梁八柱的中国中铁"开路先锋"文化体系，并通过多种形式载体进行宣贯，不断增强广大员工团结一心的精神纽带、开拓进取的精神动力。

旗帜引领方向，信念凝聚力量。在"开路先锋"精神文化的感召和指引下，中国中铁广大干部职工秉承"中国建造 铁肩担当"的企业使命，坚定"逢山开路 遇水架桥"的不屈意志，积极投身国家基础设施建设，在重大工程项目中挑重担、打头阵，攻克了一个个世界性难题，造就了一座座人类工程奇迹。

国内首个大规模采用清水混凝土技术的高铁站——雄安站（中国中铁供图）

在西北大漠，他们创新工艺，通过植物防沙与工程防沙措施相结合的方式，应对风沙侵蚀，修通了全长 825 公里的和若铁路，形成世界首个沙漠铁路环线。

在东海之滨，他们不惧风浪，攻克"世界级风口"建桥难题，建成世界最长公铁两用跨海大桥——平潭海峡公铁大桥，让国家铁路网延伸到离宝岛台湾最近的地方。

在华北平原，他们对混凝土配合比、模板体系以及混凝土施工工艺等进行研究细化，进行了上百次实验，最终实现了光洁如镜的平滑度，打造了国内首个大规模采用清水混凝土技术的高铁站——雄安站。

在雪域高原，他们挑战极限，修建的拉林铁路 16 次跨越雅鲁藏布江，

中印尼共建"一带一路"合作的"金字招牌"印尼雅万高铁（中国中铁供图）

助力复兴号动车组首次开进西藏，续写雪域天路新传奇。

在横断山脉，他们艰苦奋斗，操控自主研发的敞开式硬岩掘进机"彩云号"铿锵突进，誓要打通被誉为"地质博物馆"的大瑞铁路高黎贡山隧道。

在大洋彼岸，他们远离故土，修建了印尼雅万高铁、中老铁路、匈塞铁路、孟加拉帕德玛大桥铁路连接线等一大批海外工程，推动中国标准、中国技术走向世界，铸就了"一带一路"上的亮丽名片。

如今，"开路先锋"早已镌刻在每个中国中铁人心中，激励着每一位员工以创新为钥、迎难而上，在各自岗位上展现更大的作为。

十年发展，创新突破、谱写华章；十年奋进，波澜壮阔、激荡人心。

回眸过去的十年，中国中铁牢记习近平总书记嘱托，奋勇拼搏、攻坚克难，取得非凡成就。更美的风景永远在前方，追梦者的脚步不会就此停歇。中国中铁将继续以习近平总书记"三个转变"重要指示为指引，用创新打开新局，以实干笃定前行，奋力谱写企业高质量发展新篇章。

中国能建:

"一创三转"助力能源革命

中国能建总承包建设的山东德州丁庄水库风光储一体化项目

>>>>>>>> **企业简介**

　　中国能源建设集团有限公司（简称中国能建）是为全球能源电力、基础设施等行业提供系统性、一体化、全周期、一揽子发展方案和服务的综合性特大型集团公司，是世界"500强"企业，位居 ENR 全球承包商 250 强、全球设计公司 150 强榜单前列。

　　中国能建在三峡工程、南水北调、西电东送、三代核电等一系列世纪工程建设中作出卓越贡献，也是参与国际产能合作的杰出代表、共建"一带一路"的引领企业，业务遍布 147 个国家和地区，采用中国标准打造了一批中国坝、中国电、中国网、中国城、中国路、中国桥，成为推动构建人类命运共同体的生动实践。

　　中国能建顺应绿色低碳经济、数字智慧经济、共享融合经济"三大经济形态"，把牢高质量发展、一体化发展、融合发展"三大发展目标"，加快以创新为引领的绿色化、数智化、融合化"一创三转"，系统打造新能源、新基建、新产业"三新"能建，聚焦能源网、交通网、数字网、水网、生态网、产业网、文化网"七网融合"，全力推进十二大细分业务高质量发展，为社会奉献清洁的能源、便捷的交通、宜居的家园、高品质的生活。

创新，是一个民族进步的灵魂，也是一家企业生存与发展的根本。当前，科技创新成为引领产业革命、价值形态变革与价值链重塑的核心力量，绿色低碳经济、数字智慧经济、共享融合经济"三大经济形态"成为鲜明特征。

把握时代脉搏，立足发展阶段，中国能建探索以创新为引领的绿色化转型、数智化转型、融合化转型"一创三转"发展之路，突出创新对于转型发展的基础性支撑作用，聚焦前瞻性研究、"创新高地"打造、原创技术策源地和现代产业链链长打造、核心技术攻关、科技成果转化、标准建设等全面加强创新驱动，为深入推进能源结构调整、转型变革、产业升级贡献能建之智、能建之力和能建之为。

绿色化转型：在推动能源结构调整中抢占新机遇

2023 年 12 月 1 日，由中国能建投资建设的湖北应城 300 兆瓦级压缩空气储能电站示范工程厂用系统受电一次成功，标志着该工程全面进入调试阶段，即将正式投入商业运行。电站年发电量约 5 亿千瓦时，投运后可有效保障湖北电网稳定运行。

该电站是世界首个 300 兆瓦级非补燃压缩空气储能电站，在非补燃压缩空气储能领域实现单机功率、储能规模、转换效率"三个世界领先"。这是中国能建发挥"研投建营数"一体化优势，以科技创新助力建设新型电力系统的一个缩影。

实现"30•60"碳达峰碳中和目标，能源是主战场，电力是主力军，新能源则是关键。中国能建聚焦全业务、全链条的绿色低碳转型，围绕"30•60"目标系统解决方案"一个中心"和储能、氢能"两个支撑点"，发挥高端智库、前端规划、尖端科技和全产业链优势，服务构建新型能源体系和新型电力系统。

中国能建发布《中国能建践行"30•60"战略目标行动方案（白皮

中国能建投资建设的新疆哈密塔式太阳能光热发电项目

书）》，紧密围绕国家端、行业端、企业端，充分体现时代特征、行业特质、能建特色，助力"30•60"目标实现，主编的《塔式太阳能热发电站吸热器技术要求》《塔式太阳能热发电站吸热器检测方法》，填补了国内外塔式太阳能热发电站吸热器技术标准的空白，主编的《海上风力发电场设计标准》，作为首部海上风电场国家标准，填补了我国海上风力发电厂设计标准的空白。

在一望无垠的西部戈壁滩，中国能建投资建设的新疆哈密50兆瓦熔盐塔式光热发电项目，是国家首批太阳能热发电示范工程。该项目采用先进的塔式熔盐发电技术，配置储热系统，每年提供清洁电力约2亿千瓦

中国能建勘察设计的江苏金坛盐穴压缩空气储能电站

时，节约标煤 6.19 万吨。

在安徽 3000 米高度的天空中，中国能建参与投资建设的国内首创高空风能项目——绩溪高空风能发电示范工程正在开展设备调试。该工程采用伞梯组合式技术，对高空风能发电技术进行首次工程化实践，成为技术产业化的"试验田""策源地"。

在大型储能设计、建设和研究领域，中国能建同样走在前列。2022 年 5 月 26 日，中国能建设计的世界首个非补燃压缩空气储能电站——江苏金坛项目 1 号机组并网发电，该项目采用"盐穴 + 空气压缩技术 + 电力"的新技术，可实现全过程无燃烧、无排放，打造了一个"超级充电宝"，成为新型储能技术发展的里程碑事件。

2023 年 4 月 4 日，中国能建设计的国内首个飞轮 + 锂电池储能复合调

中国能建设计建设的张北国家风光储输示范工程

频项目在山西朔州投运，填补了国内飞轮与电化学复合储能领域的空白。

自 2010 年起，中国能建就开始牵头承担氢能研究课题，完成了全国第一座商用液氢综合加能站的设计，并成功申报国家发展改革委绿色低碳氢能示范项目，其中包括国内首个商用氢气液化工程。

2022 年 7 月 6 日，中国能建设计的国内首座兆瓦级氢能综合利用示范站在安徽六安投运，首次实现了兆瓦级制氢—储氢—氢能发电的全链条技术贯通。目前，国内首座 8 兆瓦级大型碱性电解水制氢机组稳暂态特性试验检测平台也即将竣工。

通过多年的积累，中国能建掌握了 1000Nm³/h 碱性电解水制氢装备技术，随着投资建设的慈溪滨海开发区氢能产业园、兰州新区氢能产业园、酒泉风光氢储及氢能综合利用一体化示范工程、大连长兴岛风光氢储农一体化示范项目等工程相继开工，中国能建在氢能领域集成优势逐渐显现。

在探索能源绿色转型方案的同时，中国能建解决能源清洁化利用的尝试也从未停止。

碳捕集、利用与封存技术（CCUS）被认为是目前唯一一项能实现化石能源低碳利用的技术，并被认为是未来大规模减少温室气体排放、减缓全球变暖的可行办法。中国能建从 2012 年开展 CCUS 技术研究。

2019 年 5 月 15 日，由中国能建总承包建设的亚洲首个多技术开放国际碳捕集技术测试平台——广东碳捕集测试平台项目（GCCT）正式投产，使我国成为继美国国家碳捕集技术测试中心、挪威蒙斯塔技术中心之后，世界第三个多技术碳捕集测试平台（试验基地），对推进我国二氧化碳减排和应对气候变化具有里程碑意义。

作为国内领先的清洁、高效、绿色、智慧能源建设者，中国能建不断加大研发投入，为应对全球气候变化，减少温室气体排放，发展绿色低碳能源经济所做出的积极探索与生动实践，仍在继续。

数智化探索：在推动能源转型变革中跑好新赛道

创新精神不止步，突破者总能捕捉新的方向。

当前，发展数字经济是把握新一轮科技革命和产业变革新机遇的战略选择。新能源的技术革命、场景革命、数字革命正以燎原之势席卷全世界的每一个角落，中国能建加快将数字化、智能化技术与能源技术深度融合的进程，推动新产业不断转型升级。

在国家能源局的指导下，中国能建电力规划设计总院成立了"全国新能源电力消纳监测预警中心"，通过建立全面科学准确的全国新能源消纳监测预警体系，搭建开放共享的信息平台，全面监测全国新能源消纳状况，科学预测评估未来新能源消纳水平，为新能源的优化布局和行业政策制定提供参考。

中国能建总承包建设的珠海金湾海上风电场

　　中国能建广东院成立国内首个省级海上风电大数据中心——广东省海上风电大数据中心，将云计算、大数据、物联网等数字化技术应用到海上风电建设与产业发展中，通过汇聚规划、建设、运维等数据，推动海上风电产业各相关方信息共享、价值创造，大幅提高能源各领域的效率、降低成本，提高能源行业的竞争力，赋能产业高质量发展。

　　数智化与新能源相辅相成，共融共促。数智化的发展需要源源不断的绿电提供能源补给，新能源开疆拓土需要数智化赋能加持。中国能建遵循能量、信息与生态"三大主线"，积极拥抱数字化、智能化，跑好能源转型变革的下半场。

　　2023 年 5 月 22 日，中国能建投资建设的甘肃庆阳"东数西算"源网荷储一体化智慧零碳大数据中心园区示范项目破土动工。该项目通过"源网荷储一体化""投建营一体化"方式整合能源和算力全产业链，就地消纳西北丰富的可再生能源，为成千上万家中小企业提供5G、云计算、大数据、人工智能等服务。在算力网和电力网的惊艳相遇中，实现了"瓦特"向"比特"的完美转换。

融合化发展：在推动能源产业升级中开辟新模式

在山东枣菏高速金乡服务区，景观风机迎风转动，阳光洒落在屋顶和停车棚上，通过光伏板转换电流，为汽车充电……中国能建自主研发的交能融合一体化智慧管理平台——"和（HE）"系统，通过"多元清洁能源

中国能建投资建设的枣菏高速金乡服务区

+ 智能微网 + 储能 + 充换电设施"建设"源网荷储"一体化系统,服务区实现"自发自用、余电上网"100% 绿电供应,完成了绿色能源与交通系统的"牵手"。

2023 年 5 月 10 日,伴随着中国能建投资建设的山东枣菏高速公路交能融合示范工程并网发电,交能融合发展新理念如光束穿透,"照进"了现实。

一直以来,中国能建聚焦推动产业间跨界融合、产业链内在融合、要素间交互融合、区域间协同融合,重构价值逻辑,重塑产业生态,协同打造以万物互联、百行相通、多业相融为特征的新业态、新模式。

在 2023 年博鳌亚洲论坛上,中国能建提出了能源融合发展新场景。围绕交通与能源融合、产业与能源融合、建筑与能源融合、数字与能源融合,推动能源融合发展。

如今,中国能建的交能融合一体化解决方案正带来一场产业发展的新变革。伴随着"能源网、交通网、数字网、产业网"四网融合理念和"四化"实施路径等相关研究成果在独库公路、京津塘改扩建、平陆运河、洋山港等工程项目探索应用,更多领域的融合发展视野被打开。

与此同时,中国能建紧跟国家及地方政策,探索出农光互补、牧光互补、渔光互补、海上风电 + 海洋牧场等融合发展模式,不断提升新能源项目的经济效益和环境效益。

内蒙古乌兰察布大草原,风机转动,光伏板闪亮,中国能建设计建设的全球规模最大的"源网荷储"一体化融合示范项目,采取"牧光互补"的模式,用光伏板防风固土、提高土壤涵水能力,有利于植被的恢复生长,羊在光伏区放养,能提前 2—3 个月出栏,当地老百姓生动地称之为"板上发电,板下种草,草上养殖,还长出智慧大脑"。

在新疆、青海、甘肃,中国能建先后孵化开发了一批"风光水火储一体化""源网荷储一体化"综合能源基地项目,吉林松原绿色氢氨醇一体化基地、新疆哈密 1.5GW 光热储基地项目、广西崇左总规模达 864 万千瓦的风光水火储一体化能源基地……中国能建的一体化开发新模式将在更多领域更大空间创新能源应用。

与光热起舞，凭海风展翅。从水火传奇到绿能崛起，从西电东送到东数西算，从单一储输到源网荷储，中国能建坚持创新、绿色、融合、数智的发展理念，不断开辟新领域新赛道，塑造新动能新优势，全方位提升企业核心竞争力与行业引领力，构建绿色牵引、数字赋能、融合共生的企业发展新格局，厚植生态底色，擘画零碳未来，谱写能源产业变革绿色"梦之歌"。

第二章 | 践行"三个转变"
推进高质量发展

中国兵器：

深化改革创新　实现安全与发展双促进

2023 年 9 月，兵器装备集团系列智造产品亮相 2023 中国国际智能产业博览会

>>>>>>>> **企业简介**

　　中国兵器装备集团有限公司（简称中国兵器），是中央直接管理的国有重要骨干企业，是国防科技工业的核心力量，是国防建设和国民经济建设的战略性企业，拥有60多家重点企业和研发机构，培育出"长安""建设""保变电气"等知名品牌，连续多年跻身世界500强。

　　作为大国重器，中国兵器肩负着"强军报国、强企富民"神圣使命，坚决贯彻习近平强军思想，坚决履行强军首责，服务强军胜战导向，着力推动武器装备现代化，单兵综合系统、"20式"新枪族等一批新装备列装部队，产品装备我国陆、海、空、火箭军及武警、公安等国家所有武装力量。

　　作为中国最大的自主品牌汽车制造企业，中国兵器构建起"六国十地"全球研发格局，加速向智能低碳出行科技转型，产品出口全球63个国家和地区，建成450多家海外销售渠道。

　　走进新时代的中国兵器，坚持以习近平新时代中国特色社会主义思想为指导，弘扬伟大建党精神和人民兵工精神，深入实施"133"战略，全力建设具有全球竞争力的世界一流科技企业集团。

　　自主原创、主导制定并发布汽车多媒体国际标准 ITU-T F.749.3《汽车多媒体网络用例及要求》，为中国和国际智能汽车、车联网和车载信息服务产业融合提供重要支撑；提出并建立以电力变压器杂散损耗为工程背景的 TEAM（Testing Electromagnetic Analysis Methods，检测电磁场分析方法）第21 基准问题，成为迄今为止唯一一个由中国人提出并建立的基准问题，成为第一个也是目前唯一一个以"族"形式定义的国际 TEAM 基准问题，成功解决了面向变压器工程的建模和仿真及模型验证的一系列关键问题，对特高压大型输变电装备技术进步提供基础理论支撑……这是中国兵器装备集团（简称中国兵器）加快中国制造向中国创造转变的重要标志。

　　连续多年跻身世界企业 500 强，荣获 2019—2021 任期中央企业负责人经营业绩考核 A 级，荣获 2022 年度中央企业负责人经营业绩考核 A 级、中央企业改革三年行动重点任务考核 A 级、中央企业董事会评价优秀等级，在中央企业负责人会议上，围绕"高质量党建引领保障高质量发展"作交流发言……这是中国兵器加快中国速度向中国质量转变的重要标志。

兵器装备集团保变电气助力世界在建规模最大、综合技术难度最高、装机规模全球第二的金沙江白鹤滩水电站，首台"党员号"变压器一次通过试验

出台中国兵器《品牌引领行动实施方案》，敲定"17N93"品牌引领行动实施计划和战略愿景，明确 2023 年、2025 年、2035 年品牌建设奋斗目标、具体任务，这是中国兵器加快中国产品向中国品牌转变的操作手册。

中国兵器党组深刻领会习近平总书记关于"三个转变"重要指示的重大意义和时代内涵，坚决落实党中央、国务院决策部署，把加快"三个转变"作为完成高质量发展这个首要任务的重要举措，作为增强核心功能、提高核心竞争力的必然选择，作为企业战略重点和日常工作的重中之重，奋力谱写以"三个转变"建功强国建设、民族复兴伟业的时代华章。

产业为本，"两圈一新"高质量产业群发展有质有量

近年来，中国兵器深刻把握习近平总书记赋予国资央企的新使命新定位，围绕更好服务建设以实体经济为支撑的现代化产业体系，着力推动"两圈一新"（军品产业圈、汽车产业圈和战略性新兴产业）高质量发展，切实发挥在构建新发展格局中的科技创新、产业控制、安全支撑作用。

中国兵器将习近平强军思想作为推动军品产业圈高质量发展的根本遵循，落实"设计武器装备就是设计未来战争、未来打什么仗就发展什么武器装备"的要求，坚持服务强军胜战导向，切实履行强军首责，加快推动武器装备机械化信息化智能化融合发展。经过攻坚克难，新域新质装备、特种作战装备体系、无人化装备等接连突破。在第十四届中国航展上，中国兵器研发的 20 式新枪族精彩亮相，被誉为"一代名枪"；近 300 件高精尖装备重磅推出，引发海内外观众围观，全域机动合成营装备、陆上火力装备等，展现了中国兵器在机械化发展上的底蕴与实力；末端防御装备、模拟训练装备等，展现了中国兵器在信息化发展上的进步与成就；城市作战装备、智能弹药等，展现了中国兵器在智能化发展上的探索与收获。

围绕汽车产业圈高质量发展，中国兵器一手抓产品创新，一手抓产业链协同。

2022 年 11 月，兵器装备集团携"硬核"装备亮相第十四届中国国际航空航天博览会

　　面对市场需求和科技要求，在产品端加速向智能低碳转型，持续优化产品结构。在电池、电控、芯片领域加快布局，并深化智能驾驶、智能座舱、芯片等领域战略合作，坚决扛起发展民族汽车品牌重任。顺应汽车产业趋势，中国兵器新能源汽车的更新脚步更快，近年来，新能源"香格里拉"计划和智能化"北斗天枢"计划迭代推进，新能源品牌矩阵建设和产品投放节奏显著加快，其中，深蓝、阿维塔、启源上市即上量，品牌美誉度不断向好，2021—2023 年新能源汽车销量年均增长 176.8%。2023 年，长安汽车实现销量超过 255 万辆，其中，自主品牌新能源销量超过 47 万辆、自主品牌海外销量超过 23 万辆，双双创历史新高。

　　中国兵器还充分发挥汽车产业链"链长"引领作用，聚焦产业协同发展，加速补短板锻长板筑底板，打造高效协同的供应链生态和共生共赢的产业链生态。截至 2023 年 9 月底，汽车零部件"新四化"产品收入同比增长 30% 以上；线控底盘及轻量化产品实现新突破，线控转向 SDA 项目实现全自研替代，AR 抬头显示、激光雷达等产品加快协同研发。

中国兵器积极融入国家产业基础再造、重大装备技术攻关等工程，制定实施《加快战略性新兴产业高质量发展指导意见》，争取 17 项具体技术、3 个重大工程、7 个应用场景任务；8 家单位获国家级专精特新"小巨人"企业称号，6 家单位获省级专精特新中小企业称号；青山工业智能制造能力成熟度评价获重庆零部件行业第一。

中国兵器深入推进国际化战略，完善国际化顶层设计，成立"一带一路"建设工作领导小组，产品出口到世界 170 多个国家和地区，2020 年至 2022 年，国际化收入年复合增长率达 45.5%；2023 年前三季度，国际化收入相比 2020 年翻一番。扩大高水平对外开放，与福特、马自达等培育 60 多家合资合作企业。建立健全汽车产业全球一体化"研产供销运"体系，发布"海纳百川"全球化战略；加快汽车零部件、光电材料、生物医药、特高压变压器等优势特色领域海外布局，推动技术、标准、品牌"走出去"取得重要进展。

2023 年 11 月，长安汽车未来智能豪华轿跑阿维塔 12 正式上市，72 小时累计大定 11128 辆

兵器装备集团重庆青山新能源总成装配线

创新为桨，实现科技自立自强有板有眼

牢记科技创新国家队的使命职责，坚持扬优势、补短板、追前沿，加快向世界一流科技企业集团转型。

根据《关于加快建设科技企业集团的实施意见》，发布科技创新体系，明确中国兵器向世界一流科技企业集团转型的"两阶段"目标和七个方面、22 条具体措施。出台《重塑科技创新体系，推进科技型企业集团转型（2022—2025 年）行动方案》等顶层文件，指导成员单位编制《科技创新专项工作方案》，构筑新时代中国兵器科技创新体系"四梁八柱"，全力建设链条完整、架构清晰、机制健全、能力突出、数字支撑、具有兵器特色的科技创新体系。

中国兵器积极融入国家实验室体系布局，智能创新研究院成功获批。深度参与全国重点实验室重组，全力推动智能汽车安全控制技术、自然环境试验等全国重点实验室论证工作。拥有国家级重点实验室 3 个、国家级企业技术中心 13 个、集团级专业研究院 12 家。长安汽车围绕"芯器图核云网天"培育形成全栈自研能力，整车开发周期从 29.5 个月缩短至 24 个月，研发成本降低 25%。

中国兵器超前布局产业前沿技术和颠覆性技术，系统梳理关键核心技术卡点并纳入年度考核，加大关键核心技术研究投入和创新奖励。落实《重点攻关任务管理办法》，实施挂图作战，形成重大科研项目日常管理、考核激励、监督检查的全过程管理机制。2023 年以来，2 项任务产业化推广取得实效，13 项任务按里程碑节点扎实推进，4 项任务取得突破性进展。

中国兵器不断完善科技创新激励保障机制，形成以制度引领创新、激发活力动力的良好生态。出台《科技创新成果激励管理办法》，发布《关于加快推进中长期激励的指导意见》等制度，构建"1+N"政策体系，引导研发人员潜心科研攻关、加速成果转化，激励全员创新。

中国兵器优化协同开放创新机制，与相关集团打造集团级创新联合体，成为国家级核心电子元器件创新联合体成员；与中科院、国防科大、北航等签订战略合作协议，巩固深化拓展产学研合作；与一汽、东风联合成立 T3 科技公司，打造央企协同创新的新典范；与华为、宁德时代携手，共同打造智能新能源汽车高端品牌。

中国兵器聚焦"人才第一"，颁布《"十四五"人力资源规划》，完善人才强企战略制度体系，制定 28 项战略举措，形成"聚焦 1 个目标、实施 4 大变革、达成 6 项指标、实现 3 个提升"的"1463"人力资源规划体系。锚定"卡脖子"难题，加快引进智能化等高层次人才。壮大国防军工人才队伍，加速培养战略科技人才、科技领军人才和创新团队等。

中国兵器出台"1135"数字化转型行动计划总体方案，加快全业务、全链条、全层级数字化转型。在"国务院国资委监管数字化智能化提升专项行动"中取得"双优秀"喜人成绩，司库建设获得国务院国资委高度评价；积极参与中央汽车企业数字化转型协同创新平台，推动形成汽车企业数据治理体系框架。积极探索低碳产业化模式和实施路径，"十四五"以来，万元产值综合能耗下降 5.33%，万元产值二氧化碳排放量下降 4.54%。

改革为帆，重点改革任务推进有声有色

抢抓国企改革三年行动契机，坚持"可衡量、可考核、可检验、要办事"，健全分层分级、齐抓共管的改革工作机制，改革不断取得新突破新成效。混改专项位列央企第三名，6 户"双百企业""科改示范企业"获"三标杆三优秀"评价，在 2021、2022 年度中央企业国企改革三年行动考核中

2022 年 11 月,第十四届中国国际航空航天博览会上,直 -8L 运输机悬吊"兵器造"6×6 全地形突击车行进并以索降方式着陆

荣获 A 级;军工专业化整合专项组获"第二届国防科技工业突出贡献奖"。

中国兵器深化落实"两个一以贯之",进一步厘清党组织、董事会、经理层之间的权责边界,持续健全权责法定、权责透明、协调运转、有效制衡的治理机制,党组研究讨论重大事项前置率,董事会决议执行反馈率、党的建设制度完备率实现"三个 100%"。全面加强集团公司董事会与子企业董事会建设,全级次 118 户子企业董事会实现应建尽建。细化制定授权清单，建立规范行权及报告机制，为经理层谋经营、抓落实、强管理提供完善的制度保障。

中国兵器以"专业化整合、深度融合"为原则，以"统一战略规划、统一业务平台、统一干部政策、统一分配制度、统一用工调配、加强党的建设"为实施路径，完成 10 组 22 家企业重组整合，受到国务院国资委、科工局等上级部委肯定。19 项"两非"剥离任务与"处僵治困"专项工作全面完成，压减企业 176 户，法人户数净减少 80 户，分流安置 2.2 万余人，回收资金超过 20 亿元，管理层级压缩至 4 级以内。建立员工持股平台 4 个，形成多种所有制资本的实质性混合；集团 4 户不具有优势的主业企业出让控制权，产业布局进一步优化，企业发展质量有了较好提升。

中国兵器强化集团总部自我革命，深化"总部机关化"专项治理，总部部门减少 18%、处室减少 20%、人员编制减少 7%。落实《关于推进经理层成员契约化管理和职业经理人制度的指导意见》等制度规范，全级次企事业单位、经理层成员实现任期制和契约化管理。积极推进管理人员竞争上岗、末等调整和不胜任退出，2020 至 2022 年，二、三级单位管理人员竞争上岗比例超过 50%，累计末等调整和不胜任退出管理人员 785 人；建立以经济规模、劳动效率决定用工规模的管控机制，2020 至 2022 年，集团职工市场化退出率达到 2.9%，劳动生产率增幅达 97.36%，职工平均工资年均增长 11.3%，干部职工获得感、幸福感显著增强。

安全为基，风险防范化解有招有效

牢固树立和认真贯彻总体国家安全观，强化系统思维、辩证施策，以新安全格局保障新发展格局。

中国兵器建立健全"全面依法治企制度、财务管理制度、内部审计制度"三大制度体系，夯实防风险"制度基石"。瞄准转型升级、市场竞争、供应链、安全环保以及金融衍生、资保、境外经营等重大风险源，完善重大风险评估机制，强化风险监测预警，守住不发生重大风险的底线。

中国兵器严格贯彻国务院安全生产十五条措施，认真落实安全生产专项整治三年行动计划，扎实开展"安全生产提升年"活动，加强溯源治理、体系治理，推动安全生产管理从事后处置向事前预防转型。坚持科技兴安，大力推动"机械化换人，自动化减人"，全面消除 10 人以上危险作业场所，持续压减 3 至 9 人危险作业场所。加大环保监督检查力度，强化风险隐患排查整治，持续抓好污染防治和生态保护工作。

中国兵器持续强化枪支弹药、危化危爆品科研生产和储存运输全环节管理，确保全流程完全受控、万无一失。压紧压实保密责任制，开展"全覆盖、全级次、全穿透"的保密监督检查，消除失泄密隐患。强化国家安全、人民防线建设，统筹做好网络安全、重大灾害应对等工作，为平安中国建设贡献力量。

中国大唐集团：

聚力"三个转变" 打造世界一流能源供应商

世界首台六缸六排汽百万千瓦机组——大唐东营发电公司

>>>>>>>> **企业简介**

中国大唐集团有限公司（简称中国大唐集团）成立于2002年12月29日，是中央直接管理的国有特大型能源企业，注册资本金370亿元，主要业务覆盖电力、煤炭煤化工、金融、环保、商贸物流和新兴产业。所属企业包括5家上市公司、37家区域公司和专业公司。

中国大唐集团积极践行"四个革命、一个合作"能源安全新战略，认真履行能源央企经济责任、政治责任、社会责任。建成世界在役最大火力发电厂——内蒙古大唐国际托克托发电公司、我国首个百万千瓦风电基地——内蒙古赤峰塞罕坝风电场、世界首台六缸六排汽百万千瓦机组——大唐东营发电公司。中国大唐集团肩负着首都一半以上电力供应的重任，承担着"三北"地区8.7亿平方米供热任务。先后有31家企业被评为"全国文明单位"，17名同志获得"全国劳动模范"光荣称号。

面向"十四五"及未来发展，中国大唐集团立足新发展阶段，贯彻新发展理念，融入新发展格局，奋力打造世界一流能源供应商，服务"碳达峰""碳中和"目标，在以中国式现代化推进中华民族伟大复兴的伟大进程中贡献大唐力量。

世界最大火力发电厂大唐托克托发电公司，目前正通过积极推动风电光伏外送项目建设和供热改造，实现向世界最大"风光火热储"多能互补基地转型

能源电力是关系国计民生的基础产业。近年来，国有特大型能源电力企业——中国大唐集团有限公司以习近平总书记重要指示精神和党的二十大精神为引领，将维护国家能源安全作为重大政治责任，全面开启"二次创业"新征程，大力推进创新发展、转型升级、提质增效，着力提升科技创新、产业控制、安全支撑作用，切实把"三个转变"重要指示转化为推动高质量发展、建设世界一流企业的生动实践。

聚力"提质增效"，筑牢产业根基

市场是企业的效益之源，是实现高质量发展的增长基。2021年以来，面对煤电矛盾日益突出、绿色低碳转型步伐加快、国际能源市场发生重大变化等严峻经营及发展形势，中国大唐集团顶住压力、迎难而上，牢牢把握经营工作主动权，坚持"一切成本皆可控"，突出市场导向和质量效益，主动应对电力、热力和燃料市场变化，及时优化提质增效目标、电煤采购结构和市场营销策略，突出抓好优质长协煤履约兑现，深入开展新能源提质增效专项行动，全力增发效益电量。所属各企业牢固树立"过紧日子"意识，从增收节支入手，紧盯电量、电价、煤价、热价等关键要素，以实干求突破，全面提升机组效率效益，努力提高边际贡献率、投资收益率、净利润比率，企业发电量、供热量、营业收入、利润总额实现逆势增长，有效提升了运营管控水平和抗风险能力。

单日出动 500 余辆剥离设备，累计完成剥离量超 3675 万立方米，治理进度超 62%；采煤能力保持在 3.5 万吨 / 日左右，实现采煤 340 余万吨……曾一度停工萧条的大唐胜利东二矿如今复工复产，迎来新生，再现勃勃生机。中新能化公司和能投公司按照中国大唐集团党组提出的"分兵突围、一企一策"总体思路和"盘活东二矿、债务展期减息、锡多克出零米"等重点任务，主动谋变、积极探索、大胆实践，着力破解深层次矛盾和系统性问题，市场化经营理念进一步树牢，市场竞争意识明显增强，生产经营呈现出新面貌，实现新突破。截至 2023 年 9 月底，中新能化公司实现营收 77.83 亿元，同比增加 1.1 亿元，增幅 1.4%。

中国大唐集团将以提质增效为抓手，围绕做强做优做大国有资本和国

国内首个大型海岸滩涂渔光互补光伏项目——大唐浙江象山长大涂 30 万千瓦光伏项目

有企业这一根本目标、中央企业"一利五率"经营指标体系及"一增一稳四提升"目标，把提质增效作为推动企业高质量发展长久之策，统筹打好"四大攻坚战"，系统实施"五大提升工程"，持续深入开展"三提两降一治"提质增效专项行动，积极推动发展方式从注重项目增量向优化存量转变，彻底摒弃铺摊子、上项目、重数量轻质量、重投入轻产出的外延式增长方式，推动存量提效、增量增效、减量见效，提升盈利能力和抗风险能力，筑牢"三个转变"产业根基，推动中国速度向中国质量转变。

聚力"绿色低碳"，厚植发展基础

绿色低碳发展是高质量发展的鲜明特征，是高质量发展的必然要求。推动能源绿色低碳转型发展，加快建设新型电力系统和新型能源体系，成为能源电力行业的大势所趋，也是中国大唐集团实现"二次创业"高质量发展的必由之路。面对新形势新任务，中国大唐集团锚定"1264"愿景目标，把高质量发展作为第一要务，完整、准确、全面贯彻新发展理念，自觉服务国家"双碳"目标，把绿色低碳理念融入发展全过程、各环节，以创新的思维和可持续发展的战略布局，加快产业结构调整优化力度，大力发展可再生能源和新能源，持续推进网源荷储一体化和风光水储、火风光储多能互补大型基地项目建设，积极推动煤电节能降碳改造、灵活性改造、供热改造"三改联动"，全力绘就绿色发展新蓝图。

大唐湖南娄底生态治理 100 万千瓦光伏发电项目，是湖南省最大的山地光伏项目和最大单体光伏项目，于 2021 年 11 月底获国家发展改革委、国家能源局正式批复，并列入国家第一批大型风电光伏基地项目清单。作为项目建设主体单位，大唐华银电力公司坚持生态治理与项目开发并举，以"一体化规划、区域化设计、模块化构建、基地化建设、数字化管理"为思路，充分利用冷水江市、涟源市、新化县等地共 2.6 万亩"石漠化区、重金属污染区、采矿塌陷区"荒山荒地，运用"光伏开发＋生态治理＋储

湖南省最大的山地光伏项目——大唐华银娄底生态治理光伏发电项目

能"模式，实施农光互补、林光互补等复合型开发，实现"板上发电、板下种植、集雨防风、修复土壤"。2023 年 6 月 30 日，该项目一期工程实现50 万千瓦全容量并网发电，项目全容量投产后，每年可生产清洁电量 12.7亿千瓦时。

在国家"双碳"目标引领下，中国大唐集团所属各企业以绿色发展为指导，抢抓重要战略机遇期，把新能源作为战略性新兴产业发展的主战场，坚持集中式与分布式并举、做大增量与做优存量并举，不断加大新能源开发建设力度，积极参与国家大型风电光伏基地项目申报和全国各省区组织的新能源竞争性配置工作，有力有序推动重点项目应开尽开、应投尽投，托克托、蔚县、红水河等 6 个大型能源基地项目顺利入围国家第一批基地项目清单，郓城、株洲、新余等重点清洁高效煤电建设高质量推进，国内首个大型海岸滩涂渔光互补光伏项目——大唐浙江象山长大涂 30 万千瓦光伏项目、中国北方最大风光储一体化项目——总容量 115 万千瓦的大唐吉林向阳风光互补"光伏 +"项目等一批标志性项目顺利投产发电，一幅幅中国大唐集团加速能源电力产业绿色低碳转型发展的"绿色"画卷正在徐徐展开。

中国大唐集团将进一步明确发展目标和实现路径，积极推动"火风光储""水风光储"多能互补一体化项目开发建设，大力推进储能、氢能、综合智慧能源等产业发展，积极推进煤电节能减排升级改造，统筹实施煤电机组"三改联动"，推动煤电由常规主力电源向基础保障性和系统调节性电源并重转型，厚植高质量发展的绿色底色，大力推进传统产业焕新、新兴产业壮大、未来产业培育，筑牢"三个转变"发展基础。

聚力"改革创新"，夯实战略支撑

惟改革者进，惟创新者强，惟改革创新者胜。2020年底以来，中国大唐集团党组把深化改革当作破解发展瓶颈、解决历史遗留问题的关键一招，把科技创新摆在"二次创业"核心位置，将国企改革三年行动作为助推企业高质量发展的关键引擎，以改革促发展，以创新强活力，聚焦重点领域和关键环节，全面发力、精准突破，科学部署每一阶段改革攻坚的目标和任务，加快完善中国特色现代企业制度，聚焦主责主业推进结构布局优化调整，大力推进科技创新，抓好改革专项工程，全面加强党的领导和党的建设，确保各项改革任务在中国大唐落地生根、开花结果。

从"一键采煤"到智能装车再到智能仓储，大唐国源矿业龙王沟煤矿扎扎实实推进矿山智能化建设。在探索掘井新技术方面，该矿实现了单次钻探探测范围达1100米、物探探测范围达925米，创造了国内"长掘长探"的最高纪录。由该矿创建的智能化快速掘进系统，于2021年11月12日通过全国首个特厚煤层复杂煤体结构智能化快速掘进系统验收，实现了地面远程遥控、自动截割、一键打锚、自主导航、远程故障诊断等功能。随着科技创新工程的深入推进，数字化、智能化转型已经成为中国大唐集团高质量发展的重要方向。

位于西藏自治区昌都市的大唐扎拉水电站，具有"高水头、大容量、冲击式、深竖井"工程技术特点，是国务院国资委重点领域关键核心技术

世界首台套500兆瓦高水头冲击式机组科研攻坚示范项目——大唐西藏扎拉水电项目主体工程启动

攻关示范项目和国家能源局首台(套)重大技术装备项目,也是目前世界在建综合难度最大、国内唯一可开展500兆瓦高水头大容量冲击式水电机组研制及应用示范的水电项目。依托扎拉水电工程建设,中国大唐集团联合东方电气、哈尔滨电气、国机集团、中国一重等企业有效融合全产业链优质资源,扎实推进项目设计、设备制造、材料工艺、运行维护、高海拔工程施工等方面科研攻关,着力攻克冲击式水轮机制造的关键技术,提升能源产业链自主可控水平、补齐产业链短板。目前,扎拉水电工程联合创新团队已开展了11项科研专题,研发制造了由转轮轮毂锻件和水斗锻件组成的首套500兆瓦冲击式水轮发电机组成套结构的转轮锻件,解决了超大型冲击式转轮制造"卡脖子"技术难题,实现了大唐西藏扎拉500兆瓦高水头大容量冲击式水电工程建设里程碑式突破,为构建我国完整的具有自主知识产权的冲击式水电机组全产业链,服务我国西南清洁能源基地开发建设奠定了坚实的基础。

在宁夏回族自治区中宁县,中国大唐集团联合中国科学院工热所、武汉岩土所等国内一流科研机构，针对宁夏地区软岩地质条件下地层相对稳定的特点，开展全人工地下储气库技术攻关与应用，先后攻克了选址受限、成本高昂、效率偏低等一系列技术难题，创新采用复合柔性密封层设计，通过高效的压缩和膨胀、储热和放热，实现能量的高效存储和利用，并形成适用于我国大部分地质条件的压缩空气储能人工地下储气成套技术体系。在山东省郓城县，中国大唐集团聚合我国火电装备全产业链优质资源，以再热汽温 630℃、发电热效率突破 50% 为目标，联合开展我国"压力最高、温度最高、效率最高、煤耗最低"国家电力示范项目——单轴百万千瓦火电机组科研攻关和技术创新，全面打造"场景化体验、智能化生产、一体化经营、智慧化管控、融合化发展"式企业。

立足产业需求，中国大唐集团将发挥科技创新、产业控制、安全支撑"三个作用"，围绕提高核心竞争力、增强核心功能，坚定不移吃改革饭、走创新路、打发展牌，聚焦转型发展难点堵点，系统谋划、全面推进新一

国际首套全人工地下储气库 100 兆瓦压缩空气储能项目——大唐中宁储能项目开工建设

国家首批智能化示范煤矿之一大唐国源矿业龙王沟煤矿调度指挥中心

轮改革提升工程、重大改革攻坚和科技创新工作,因企制宜拓宽转型升级路径,以西藏扎拉水电、山东郓城火电、宁夏压缩空气储能、托克托大基地等重大项目为依托,加快培育发展前瞻性关键技术,创造自主知识产权和战略性关键技术,以改革创新之力持续赋能企业高质量发展,推动能源电力事业由中国制造向中国创造转变。

登高望远,美好前景可期。中国大唐集团将深入贯彻落实习近平总书记关于"三个转变"重要指示精神,开拓进取,苦干实干,积极推进创新发展、转型升级、提质增效,着力锻长板、补短板、拓增量、优存量,不断开创能源转型升级新局面,努力打造世界一流能源供应商,为构建清洁低碳、安全高效的现代能源体系持续贡献力量。

国家能源集团：
走好新时代能源高质量发展之路

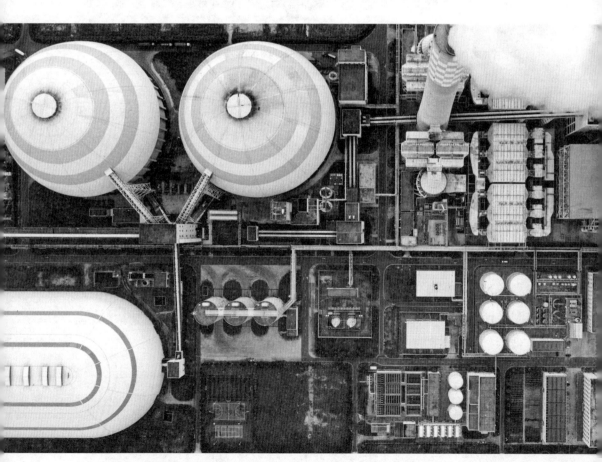

由中国能建参与开发建设的亚洲首个多技术开放国际碳捕集技术测试平台——华润电力海丰碳捕集测试项目，每年可捕集二氧化碳约2万吨

>>>>>>>> **企业简介**

　　国家能源集团是党的十九大以后重组成立的中央骨干能源企业，是国有资本投资公司改革、创建世界一流示范企业、国有企业公司治理示范的试点企业，拥有煤炭、电力、运输、化工等全产业链业务，煤炭供应、火力发电、风力发电、煤制油煤化工规模全球第一。拥有 2 家 A+H 上市公司，4 家 A 股上市公司，1000 余家生产单位，资产分布全国 31 个省区市及全球 10 多个国家和地区。2022 年世界 500 强排名第 76 位。

　　国家能源集团深入学习宣传贯彻党的二十大精神，认真落实习近平总书记提出的"四个革命、一个合作"能源安全新战略，深刻认识新时代新征程能源央企的职责使命，聚焦全面建设世界一流清洁低碳能源科技领军企业和一流国有资本投资公司，发挥科技创新、产业控制、安全支撑"三个作用"，着力践行好能源基石、转型主力、创新先锋、经济标兵、改革中坚、党建示范"六个担当"，积极对标"双碳"目标，加快推动产业结构调整和绿色低碳转型，发挥着能源供应"稳定器""压舱石"作用。

国家能源集团成立六年来，始终贯彻落实习近平总书记重要讲话精神，牢记"国之大者"，大力弘扬"社会主义是干出来的"伟大号召，坚定履行能源保供职责，推进绿色低碳转型，深化科技创新，拓展国际合作。2023 年，煤炭产量 6.2 亿吨，销量 8.3 亿吨，发电量 1.2 万亿千瓦时，发电装机 3.2 亿千瓦，其中可再生能源装机 1.1 亿千瓦，占比 35.5%，世界 500 强排名跃升至第 76 位，不断迈向高质量发展新征程，脚步铿锵、稳步前行。

科技创新牢牢把握发展主动权

投产亚洲规模最大的泰州电厂 50 万吨 / 年 CCUS 示范工程；神东煤炭建成全球最大企业级 5G 核心网，首次实现煤矿井下 5G 信号的全覆盖；龙源电力完成全球首例漂浮式风渔融合平台设计；新朔铁路、国华投资完成国内首台大功率氢能源动力调车机车和接触网作业车研制……

加快实现高水平科技自立自强，是推动高质量发展的必由之路。近年来，国家能源集团面向世界科技前沿、国家重大科技需求、产业高质量、可持续发展，加快推动能源科技自立自强，坚持创新驱动发展。

国家能源集团围绕煤炭、电力、煤化工、运输等主要业务板块，开展重大技术攻关，取得一批技术领先、效益显著的重大科技成果。8.8 米大采高工作面、露天无人驾驶、露天矿卡等技术支撑煤矿高效开采；建成世界首台百万千瓦超超临界二次再热燃煤发电机组；全面掌握现代煤化工主要技术路线，投产世界首套 5 万吨 / 年煤制聚乙醇酸可降解材料示范项目。在氢能、氨能、储能、CCUS 等领域不断取得科技突破，国际首次实现工业尺度燃煤锅炉 35% 混氨燃烧技术。

国家能源集团在实施技术创新的同时，加快数字化建设。

2023 年 7 月，助力煤炭线上交易的"国能 e 商"平台正式上线。该平台是国家能源集团充分发挥自身全产业链布局一体化运营优势，全面打造

国家能源集团江苏泰州公司 50 万吨二氧化碳捕集利用封存项目

以煤为主,覆盖化学品、运输产业的大宗能源供应链平台。

推进国能 e 商、国能 e 电、国能 e 购、国能 e 链建设,是国家能源集团推进数字化建设的举措之一。国家能源集团坚持以一体化数字化保公司综合实力提升,建设"一网一库三平台",构建工业互联网、司库系统以及基于 ERP 系统的智慧管理平台,基石系统牵引的智慧运营平台,国能 e 商、国能 e 电、国能 e 购、国能 e 链为代表的生态协作平台,企业智慧转型发展有序落地。

产业控制加快绿色低碳转型步伐

近年来,国家能源集团喜报频传:全国首批首个"沙戈荒"新能源基地——国家能源集团宁夏腾格里沙漠新能源基地一期 100 万千瓦光伏项目并网发电;青海公司大柴旦 100 万千瓦光伏项目实现全容量并网发电;集团

宁夏腾格里沙漠新能源基地一期项目

首个平价海上风电项目——国华投资渤中 B2 海上风电项目全容量并网发电······

　　国家能源集团绿色低碳转型的步伐不断加快。2023 年，国家能源集团可再生能源装机 1.1 亿千瓦，占比 35.5%。全年新能源投产 2616 万千瓦。风电装机突破 6000 万千瓦，保持世界第一。水电在建规模 1015 万千瓦，全国第一。

　　2023 年 10 月 24 日，宁夏中卫二期 200 万千瓦光伏、鄂尔多斯采煤沉陷区 300 万千瓦光伏等一批重点电力项目集中开工。同年 11 月，青海公司玛尔挡水电站首台机组转子吊装成功，并正式下闸蓄水；我国在建装机容量最大之一水电站——金沙江旭龙水电站大江成功截流。

　　国家能源集团因地制宜，综合施策布局新能源，在扎实做好宁夏、内蒙古、甘肃等沙戈荒大基地建设的同时，加快东南沿海海上风电布局，并成串成组开发水电。以大力发展新能源引领企业绿色转型，坚持集分并

国家能源集团国电舟山海上风电机组

举、海陆并进，推进基地式、场站式和分布（散）式项目开发。相继实施
"两个 500 万 +"和"两个 1500 万 +"等行动，全力以赴推进新能源开发
建设，实现了大基地建设快速起步、风电产业持续领先、光伏产业跨越发
展、水电项目组团推进，清洁化水平持续提升。

　　国家能源集团还深知针对我国富煤、贫油、少气的现状，提高煤炭利
用率和煤炭清洁转化利用技术至关重要。从建成世界首套示范工程——鄂
尔多斯百万吨级煤直接液化项目、世界首套 60 万吨 / 年煤制烯烃示范装
置——包头煤制烯烃项目、宁夏煤业 400 万吨 / 年煤间接液化项目，到世
界首套年产 5 万吨聚乙醇酸（PGA）工业示范项目，国家能源集团积极发
展以煤制油、煤制烯烃为代表的大型现代煤化工技术，沿着产业高端化、
多元化、低碳化发展方向，推动煤炭清洁转化利用。

安全支撑肩扛能源保供责任

国家能源集团是煤炭供应、火电、风电、煤化工产业规模世界第一的能源企业,拥有煤炭、电力、运输、化工等全产业链业务,产业分布全国31个省区市以及10多个国家和地区。作为国家能源保供的重要力量,国家能源集团始终以煤炭保能源安全,以煤电保电力稳定,充分发挥能源保供"压舱石"和"稳定器"作用,全力做好重点区域、重要时段保供工作,守牢电力保供和民生用能底线。

作为国家能源保供的重要力量,国家能源集团始终以煤炭保能源安全,加大煤炭生产组织力度,增加煤炭产能产量,自产煤量自2021年10月份连续27个月保持5000万吨峰值水平,2023年煤炭产销量创造历史最好水平。形成"神东、宁乌、蒙东、新疆"4个亿吨级矿区开发格局,拥有世界最大井工煤矿群。在推动煤矿智能化建设方面,构建了3层5类200余项煤矿智能化标准体系,建成了准能黑岱沟等9处国家智能化示范煤矿。

国家能源集团保供运煤列车

国家能源集团通过煤电深度协同，确保用能紧张期煤电机组开得起、顶得上、稳得住。煤电"三改联动"稳步推进，应用成熟技术对能耗落后机组实施通流改造，积极开展采暖供热和工业供汽改造，分区域、分机组有序推进灵活性改造，进一步提升保供能力、降低能耗。同时，国家能源集团持续加快清洁高效煤电机组建设。2023年，发电量1.2万亿千瓦时，占全国发电量的1/7，供热量占全国1/8。

完善的运输体系是能源安全的有力支撑。国家能源集团持续增强路港航协同能力和集疏运能力，优化运输组织，加快车辆周转，最大化释放运输能力。2023年，铁路货运量5.7亿吨，约占全国1/9。

海外发展不断深化国际合作

国际合作是企业迈向世界一流的重要指标。第六届中国国际进口博览会上，国家能源集团与蒙古、瑞士、印尼、美国、德国等20个国家和地区

国家能源集团南非德阿风电项目

的 44 家企业现场签约，涉及进口优质煤炭、高端装备及备件、先进技术服务，总金额达 26.4 亿美元，采购品类和采购金额再创新高。

这是国家能源集团连续 6 年组建交易分团并组织集中签约，累计采购总金额约 98 亿美元，共建成果日益丰富。

在南非中部北开普省德阿镇，163 台集团所属联合动力公司自主研发的 1.5 兆瓦机型风机迎风转动。

这个总投资人民币 22.59 亿元，总装机容量 24.45 万千瓦的国家能源集团南非德阿风电项目，于 2015 年 10 月开工建设，2017 年 10 月建成并投入商业运行。是我国国有发电企业在非洲集投资、建设、运营为一体的第一个风电项目。

据了解，国家能源集团共有境外项目 14 个，主要分布在南非、希腊、印尼、澳大利亚、德国等 10 个国家。以"保障能源安全、推动绿色转型、建设世界一流"为主线，以"一带一路"建设为重点，国家能源集团聚焦主业，不断深化国际合作，逐步加大在新能源与可再生能源领域的投资，实现了自身发展与当地发展的"美美与共，和谐共生"。

在深化国际合作的同时，国家能源集团还非常重视与项目所在当地社区的融合共生。

在南非，开展"助学·筑梦·铸人"教育行动，资助贫困大学生，已有 112 名成绩优异的贫困大学生受益；采购医疗大巴，每年服务社区居民超过 9000 人；援建体育场、赞助足球俱乐部，近千名运动员受益。

在希腊，举办"新能源、新希望、新未来"进校园、"企业开放日"活动增进当地人民对清洁能源和中国能源企业的了解；举办"全球青年多维对话"活动，吸引了来自 60 多个不同的组织机构的 300 名嘉宾和观众，聚焦"Z 世代"青年交流。

在印尼，与印尼大学合作建设印尼第一家高校仿真机实验室，并在中国建设培训基地，迄今已有 180 余名印尼籍员工接受了培训；成立"安妮的心愿"基金会帮助减轻印尼籍困难员工家庭经济负担。

国家能源集团国华投资欧洲新能源公司色雷斯风电项目

　　走好新时代能源高质量发展之路,国家能源集团将继续贯彻落实习近平总书记重要讲话精神,坚持传统产业转型升级和战略性新兴产业规模质量发展两端发力,积极发挥科技创新、产业控制、安全支撑三个作用,凝聚广大干部职工合力,不断开创高质量发展新局面。

中国电子：
奋力谱写网信事业高质量发展新篇章

中国电子亮相 2023 中国国际大数据产业博览会

>>>>>>>>> **企业简介**

　　中国电子信息产业集团有限公司（简称中国电子）成立于1989年5月，是我国民族电子工业的摇篮，是党领导下的人民军事电子工业的开拓者，是中央直接管理的以网信事业为核心主业的中央企业。目前，拥有上市公司22家，成员企业1287家，总资产4216.2亿元，业务覆盖全球6大洲60多个国家，连续13年入选《财富》世界500强。

　　近年来，中国电子主动服务国家战略，持续优化产业结构，围绕以数字技术支撑国家治理体系和治理能力现代化、服务数字经济高质量发展、保障国家网络安全三大核心任务，着力发展计算产业、集成电路、网络安全、数据应用、高新电子等重点业务，打造国家网信事业核心战略科技力量。打造了飞腾CPU、银河麒麟操作系统等一批"国之重器"，建成了集成电路特色工艺研发和生产制造基地，打造了数字平台和数据平台，基本形成了计算产业和集成电路全产业链布局，成为我国网信领域现代产业链链长和原创技术策源地。

　　中国电子坚持以习近平新时代中国特色社会主义思想为指导，牢牢把握做强做优做大的总目标、坚持和加强党的全面领导总原则、积极服务国家重大战略总要求，切实提高核心竞争力、增强核心功能，推动重塑价值体系、重构产业体系、重建管理体系，更好发挥在建设现代化产业体系、构建新发展格局中的科技创新、产业控制、安全支撑作用，努力建设具有全球竞争力的世界一流网信企业。

中国电子举办中国"数据要素 ×"生态大会并开启数据要素互联网五市（州）组网运行

　　近年来，中国电子信息产业集团有限公司（以下简称中国电子）以习近平总书记关于网络强国的重要思想为行动指南，以"国之重器"扛起"国之重任"，持续在"中国制造向中国创造转变、中国速度向中国质量转变、中国产品向中国品牌转变"上下功夫，在服务国家重大战略中彰显企业高质量发展新成效。

　　自主研发的操作系统在大国重器上应用部署，飞腾系列 CPU（中央处理器）在多个领域批量应用，打造以"源启"金融级数字底座为核心的产品和服务体系，成功保障北京冬奥会、冬残奥会、杭州亚运会网络安全"零事故"……

中国电子所属奇安信成功保障北京冬奥会、冬残奥会网络安全"零事故"

布局持续优化拓展高质量发展广阔空间

为更好服务网络强国、数字中国建设,中国电子顺应新一轮科技革命和产业变革大势,加快推动优势资源向主责主业集中,并通过推进产业体系重构,做强做优做大网信主业,制胜新赛道,实现企业更高质量发展。

中国电子深入推进战略性重组和专业化整合,着力解决产业布局分散问题,重点聚焦计算产业、集成电路、网络安全、数据应用和高新电子五大主业,更好发挥科技创新、产业控制、安全支撑作用。同时,瞄准前沿科技领域,积极布局新领域新赛道,塑造新优势新动能,造就了飞腾、麒麟、中电金信等一批在网信领域具有竞争力的"明星"企业,形成了从核

中国电子数据产业集团在深圳揭牌成立

心芯片、操作系统、整机到应用系统的网信领域全产业链竞争优势。

着眼自主计算产业强基固本,中国电子扎实推动基础软件领域的专业化重组整合,整合旗下天津麒麟、中标软件两家企业,形成新的麒麟软件有限公司,打造成为中国电子自主计算底座的核心企业,形成以银河麒麟服务器操作系统、桌面操作系统、嵌入式操作系统、麒麟云等为代表的产品线,成为国产操作系统的核心力量。麒麟软件连续 12 年位列中国 Linux 操作系统市场占有率第一名。

中国电子以"数字中国"建设为战略指引,积极布局数字经济,赋能千行百业数字化发展。一方面,打造数据平台,在央企中率先设立数据产业集团,打造数据安全与数据要素领域的多方联合研究枢纽、数据产业链资源整合与协同创新平台,释放数据资源活力,推动构建数据产业的生态体系,促进数据产业高质量发展。另一方面,打造数字平台,着力打造数字政府、数字部委、数字企业、数字金融平台，在打造数字政府标杆工程——数字广东的基础上，推进数字云南、数字湖南等落地运营，以数字技术服务国家治理体系和治理能力现代化，促进重点行业数字化转型。

　　在做加法的同时，中国电子也科学做减法，以瘦身健体推进产业结构优化。近年来，加快处置非主业、非优势业务和低效、无效资产，全面完成"僵尸"特困企业处置。其中，完成低效无效企业清理退出近 200 户，仅 2022 年就完成 60 户"两非"企业剥离，回收资金 60 亿元。推进"压缩管理层级、减少法人户数"工作，企业运营成本进一步降低，管理效率不断提高。启动供应链服务、园区和资产管理板块重组整合，资产结构不断优化，资源有效利用，助推主业发展，企业运行效率和管控能力进一步提升。

科技自立自强凝聚高质量发展强劲动能

　　中国电子始终围绕"国之所需"，深耕网信科技领域，打好关键核心技术攻坚战，积极推进高水平科技自立自强，创新成效显著。目前已授权专利 12091 项，其中发明专利 6085 项；拥有国家及省部级"专精特新"企业 69

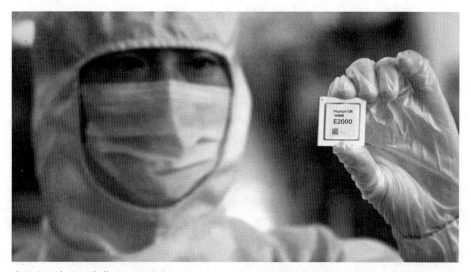

中国电子自主研发芯片飞腾腾珑 E2000

家，其中国家级"专精特新"企业 26 家，单项冠军企业/产品累计 11 家。

"顶层设计—任务牵引—落地支撑"一体化推进，构建内外联动的科技创新平台、完善具有新型举国体制特色的科技攻关组织模式，中国电子已发展成为拥有 1 个全国重点实验室（数据空间技术与系统全国重点实验室）、2 个国家（工程）技术研究中心、3 个国家级工程研究中心和 15 个国家级企业技术中心的科技创新高地。

在芯片研发设计、先进制造工艺、操作系统等网信事业"卡脖子"环节取得一系列突破。中国电子成功研发飞腾腾云 S2500 高性能服务器 CPU、飞腾腾珑 E2000 嵌入式 CPU、飞腾腾锐 D2000 高效能桌面 CPU 以及银河麒麟操作系统 V10、星光麒麟万物智联操作系统等系列产品，飞腾 CPU、麒麟操作系统相关成果连续三年荣获国家科学技术进步奖"一等奖"，麒麟操作系统被评为"2020 年度央企十大国之重器"。推出了数字政务操作系统、"源启"云原生分布式核心业务系统、国家级工业互联网双跨平台——"中电云网 BachOS"等系列创新产品。相关自主计算产品广泛应用于电力、通信、交通、航空、新基建等行业，提升了关键行业自主可

中国电子发布中国首个桌面开源根操作系统 openKylin1.0

中国电子与华为共建同时支持鲲鹏和飞腾处理器的"鹏腾"生态

控能力。

此外，在推进原创技术策源地、现代产业链链长、创新联合体建设方面，中国电子基于自有核心技术开展联合创新、协同发展，发挥央企主体支撑和融通带动作用，推动上下游产业有效衔接，引领网信事业高质量发展。

2023年7月，中国电子与华为技术有限公司达成合作，共同打造同时支持鲲鹏和飞腾处理器的"鹏腾"生态，通过构建统一"鹏腾"生态，简化生态伙伴的软硬件适配和认证，赋能合作伙伴开发更多形态的产品，覆盖云、数据中心、边缘、PC终端等全场景，持续丰富"鹏腾"生态的产品与解决方案，开创了我国自主计算产业发展的新格局。

同月，中国电子发布我国首个桌面开源根操作系统"开放麒麟1.0（openKylin1.0）"，这是由众多开发者共同参与研发的国产开源操作系统，凝聚了社区3867名开发者、74个SIG组和271家企业的积极贡献。

中国电子发布基于飞腾处理器，搭配国产操作系统的长城 TN133A2 笔记本

全面深化改革激发高质量发展内生动力

治理现代化、激励市场化、管理科学化，中国电子通过深化改革为企业高质量发展赋能提效。

国企改革三年行动以来，中国电子深入贯彻落实"两个一以贯之"，坚持将党的领导和完善公司治理相统一，建立中国特色现代企业治理体系。

坚持党的领导不动摇，落实"三重一大"事项集体决策和重大决策党委（党组）前置研究制度化清单化，充分发挥"把方向、管大局、保落实"的领导作用，中国电子把党的领导优势转化为创新优势、发展优势、治理优势，确保企业改革发展方向不偏、力度不减、质量不降，坚定朝着做强做优做大目标迈进。

在完善企业治理体系方面，中国电子成为第一批董事会建设试点企业，同时锻炼培养了一支所出资企业专职董监事队伍，始终坚持以国家发展战略为企业决策导向，形成了一整套较为成熟的治理经验，促进企业管理能力和经营效益的不断提升。

深化改革推动企业高质量发展，关键要通过改革激发人才队伍的潜能，中国电子推进激励市场化，积极推进骨干员工持股、上市公司股权激励、超额利润分享等中长期激励政策，调动员工积极性，提升企业效率和核心竞争力。旗下振华科技实施股权激励三年后，净利润增长了2倍多，总市值增长了10倍。

中国电子高度重视人才激励考核机制的创新和完善。围绕企业关键人才群体，以重塑价值体系为目标，中国电子不断丰富和完善体现创新要素价值的收入分配制度，建立健全精准灵活、规范高效、具有市场竞争优势的核心关键人才激励考核机制，系统推进激励体系建设，激发各类创新主体活力和创造力。

新时代新任务，新征程新使命。中国电子将持续深入贯彻落实习近平总书记"三个转变"重要指示精神，在服务网络强国、数字中国建设中首担其责、履行使命，着力攻克网信领域关键核心技术，破解创新发展难题，打造国家网信事业核心战略科技力量，奋力推动高质量发展，为以中国式现代化全面推进强国建设、民族复兴伟业作出新的更大贡献。

东方电气集团：
坚持"领先战略" 塑造世界一流装备制造品牌

中国东方电气集团有限公司总部园区

>>>>>>>> **企业简介**

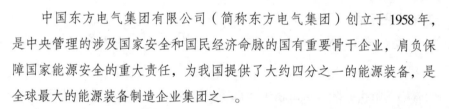

　　中国东方电气集团有限公司（简称东方电气集团）创立于1958年，是中央管理的涉及国家安全和国民经济命脉的国有重要骨干企业，肩负保障国家能源安全的重大责任，为我国提供了大约四分之一的能源装备，是全球最大的能源装备制造企业集团之一。

　　东方电气集团是中国电力驱动时代的先驱者之一，成长于三线建设，发展于改革开放，壮大于新时代，孕育了"东汽精神"。始终牢记习近平总书记殷殷嘱托，不忘产业报国初心，牢记制造强国使命，以"绿色动力、驱动未来"为己任，坚持科技自立自强，完整、准确、全面贯彻新发展理念，瞄准碳达峰、碳中和目标，大力实施"11256"发展战略，加快推进"绿色智造"转型，形成了"六电并举、六业协同"的产业格局。产品包括风电机组、太阳能发电设备、水电机组、核电机组、火电机组（燃气轮机发电、清洁高效煤电）、控制系统、环保设备、工业化工装备、氢能及燃料电池、储能装备、新材料等，致力于为客户提供集能源装备、绿色低碳装备、高端智能装备于一体的综合能源解决方案。为全球100多个国家和地区提供成套设备和工程承包业务，主要市场涵盖东南亚、南亚、中亚、中东、欧洲、非洲、南美等地区，出口能源装备规模超过8900万千瓦，从1994年起连续入选ENR全球250家最大国际工程承包商之列。

在中国西南的重装之都，一座超 2000 平方米的生产车间里，工作人员寥寥无几，AGV 小车、机器人、数控加工中心等一系列智能设备，24 小时无人干预连续加工，有序运转着；而在城市北边一座 7000 余平方米的车间内，一个个冲片从自动生产线产出，被移动机器人自动转运，随后再由数台机器人自动抓取并有序叠装……这是东方电气集团国内领先的汽轮机叶片"黑灯产线"和发电装备行业首个定子冲片"绿色无人车间"，它们将人们想象的智能场景真实呈现在眼前。

在中国东部沿海地区，东方电气集团研制的全新一代 18 兆瓦直驱海上风电机组在福建实现下线，其叶轮直径达 260 米，机组风轮扫风面积 53000 余平方米，每转一圈即可发出 38 度电，交出科技支撑绿色能源产业发展成果答卷。

跨越山川河海，远在中国西南部的青藏高原，机位海拔 5060 米、机组轮毂中心海拔 5150 米，东方电气集团研制的世界最高海拔风电机组——西藏措美哲古分散式风电机组实现了挑战 5000 米以上超高海拔风电"无人

18 兆瓦直驱海上风电机组下线

区"的历史性跨越。

　　东方电气集团奋勇担当制造强国职责使命，深入落实习近平总书记关于"三个转变"重要指示精神，全力实施"领先战略"，争当高质量发展排头兵，坚持以产品"走出去"带动品牌"走出去"，积极践行绿色低碳发展理念，打造清洁高效能源装备，形成"六电并举、六业协同"的产业格局，推动绿色低碳转型发展，塑造世界一流装备制造品牌。

产业链打造，助力能源安全可控

　　东方电气集团落实党中央关于加快建设科技强国、实现高水平科技自立自强的重要决策部署，围绕巩固国有经济在重要行业领域的控制地位、维护产业链供应链安全稳定，以全面实施"领先战略"为引领，坚持"技术领先"，聚焦产业链供应链自主可控，在燃机、氢能等领域切实担负起突破"卡脖子"关键核心技术使命职责，高质量打造原创技术策源地和现代

汽轮机叶片"黑灯产线"

国内首台自主研制 F 级 50 兆瓦重型燃气轮机完工发运仪式

产业链链长，以先进装备有力支持能源保供。

"14 年的潜心研发，终于啃下了重型燃气轮机国产化这块'硬骨头'，填补了自主燃气轮机应用领域的空白。"东方电气集团东方汽轮机有限公司全重实验室副主任田晓晶感慨。2023 年 3 月 8 日，被誉为中国"争气机"的我国首台全国产化 F 级 50 兆瓦重型燃气轮机商业示范机组正式投入商业运行，填补了我国自主燃气轮机应用领域空白，为清洁能源领域提供自主可控全链条式的"中国方案"。

东方电气集团坚持联合高校、设备供应商、用户等产业链上中下游近 300 家单位开展联合攻关，突破燃机材料选型、研制、控制、试验等多项"卡脖子"关键核心技术难题，成功具备了燃机整机和全部部件的研制能力，建成了完备的燃机试验验证平台，培育了一批"专精特新"企业、一条完整的燃机国产化供应链，确保燃机产业链的自主可控、安全可靠。

深耕氢能产业十余载,东方电气集团一体推进氢能产业全产业链发展,通过引入产业上下游企业,构建燃料电池核心原材料及核心零部件企业集群,覆盖制氢、储运氢、加氢、氢能综合利用全产业链领域,充分发挥产学研合作、技术渗透、资源集聚、示范带动的作用,打造氢能全产业链生态圈。已成功研制出具有完全自主知识产权的氢燃料电池系统、电堆、膜电极、PEM 制氢系统、储氢压力容器、吸运氢装备等系列产品,可为客户提供以氢能为核心的固碳、减碳、替碳整体解决方案。东方氢能产业园——全国第一座中欧合作的氢能产业园区正式开园,为构筑全新"氢生态"注入强劲的东方动力。

当前,搭载东方电气集团自研氢燃料电池系统的客车已实现规模化应用,在成都、德阳、西昌、内江、攀枝花、苏州、庆阳以及张掖等地 20 余条公交车线路上投运超 400 台,累计行驶里程超 3300 万公里,单车最大里程超 36 万公里,平均氢耗低于 4 公斤 / 百公里,为国内公开报道最佳。80 辆由东方电气集团提供的氢能大巴,更是在第 31 届世界大运会期间承担接送世界各地赛事人员的重要任务,接送超 3.5 万人次,以"零碳"带去"氢新"之风。

东方电气氢产业科技应用示范园

紧盯"双碳"目标，壮大绿色发展新动能

作为能源装备领域的"国家队"，东方电气集团聚焦新发展理念，紧扣能源安全新战略和"双碳"战略目标，主动对接以新能源为主体的新型电力系统构建需要，发挥在构建现代产业体系中的科技创新、产业控制、安全支撑作用，全面实施"产业领先"，加快推进产业结构转型升级。

完善风电、太阳能、水电、核电、燃机、煤电"六电并举"，高端石化装备、节能环保、工程与国际贸易、现代制造服务业、电力电子与控制及新兴产业"六业协同"的产业格局，推动新产业新业态持续形成。

自主研制的全新一代18兆瓦直驱海上风电机组，推动整个风电产业链的协同发展和技术进步，机组满发时，在年平均每秒10米的风速下，单台机组每年可输出7200万度清洁电能，可节约标准煤2万余吨、减少二氧化碳排放5.5万余吨。自主研制的150兆瓦冲击式转轮，实现了我国高水头大容量冲击式水电机组关键核心技术国产化"从无到有"的历史性突破。

全球首台模块化小堆"玲龙一号"多用途模块式小型堆堆内构件通过验收，承制的国际热核聚变实验堆（ITER）项目部件顺利交付。国内首台国产化率最高的M701J型燃气轮发电机组正式投入商业运行，按年运行4000小时计，较同容量燃煤电厂一年可以减少160万吨的二氧化碳排放，是目前国内已投运最先进高效的燃气发电机组。总承包的阿塞拜疆在建最大光伏电站——戈布斯坦光伏电站，投用后年发电量可供当地11万家庭使用，每年减少二氧化碳排放超过20万吨。

数智化转型，写就中国智造成绩单

习近平总书记在致金沙江白鹤滩水电站首批机组投产发电的贺信中指出，全球单机容量最大功率百万千瓦水轮发电机组，实现了我国高端装备制造的重大突破。

白鹤滩水电站首批机组投产发电

东方电气集团坚持以习近平新时代中国特色社会主义思想为指导,紧紧抓住新一轮科技革命和产业变革历史机遇,积极服务国家"双碳"战略,加强新一代信息技术与制造业深度融合创新,加快数字化转型,不断推动企业生产方式和发展模式变革。

制造业是立国之本、强国之基。自主研制的白鹤滩左岸全部 8 台水电机组各项参数指标优异,是东方电气集团向党和国家交上的一份精彩答卷。这台重达 8000 多吨、高 50 多米的重型装备,其中很多部件精度都以毫米来计算。该机组核心部件之一——50 万张定子冲片,由东方电气集团行业首个定子冲片绿色"无人车间"生产,叠装完成后整体圆柱度仅为0.5 毫米,同心度为 0.1 毫米,达到世界一流水平,引领世界巨型水电进入"零配重"和摆度"个位数"时代。"'零配重'代表机组总装后满足精品机组标准要求,研发设计、制造加工、安装偏差控制均做到了极致,而摆动

行业首个定子冲片"绿色无人车间"

'个位数'代表各部位轴承摆度参数优异，达到了个位数，仅有一根头发丝直径的大小。"项目发电机安装高级工程师谭见伟说。

数字化赋能智能制造。当前，东方电气集团已累计建成 20 个数字化车间，4 个车间达到引领级 A 级，其中定子冲片"绿色无人车间"、叶片"黑灯产线"等一批数字化车间已成为"智能制造"亮丽名片，劳动效率、设备利用率、能源利用率得到大幅提升。

行业首个定子冲片"绿色无人车间"年产量由原先的 9000 吨提高到 1.2 万吨，人均产出提升 620%，车间整体节约能源消耗 30%；国内首个叶片加工无人车间及首条"黑灯产线"40 秒内智慧寻料，加工精度达 0.03 毫米，质量合格率达 99%，人均效率提升 650%。2023 年全新升级投运的东方电气行业首个 5G 全连接数字化工厂，更是部署 63 个工业应用系统的应用层，连接 1500 余台生产设备、9 个数字化车间的 21 条数字化生产线，实现人员、技术、资源、制造、产品全领域数据互联互通。

智能制造搭配智慧产品，东方电气集团实施"产品制造过程智能化"和"产品及服务智慧化"双轮驱动，加快推动能源装备制造高端化、智能

海南昌江"玲龙一号"全球首个陆上商用模块化小堆关键设备——稳压器在远航码头启航

化、绿色化发展。智慧水电、智慧风电、智慧火电、智慧钻机等一批解决方案迭代升级，推动了能源装备制造产业的数字化智能化发展。在国内领先的绿色数字工厂里，一台台源自东方电气集团的绿色能源装备，不断书写着中国装备装备中国、中国装备装备世界的故事，是落实"三个转变"的生动实践，也是能源装备企业高质量发展的典范。

用智慧水电实现万里长江第一坝智慧"重生"，对葛洲坝水电站机组的智慧化改造，实现了对机组部分运行状态进行实时评估和故障诊断。自主研发的智慧风电系统，已形成智能风机、智慧风场、区域中心的一体化，实现发电量提升5%以上。智慧火电系统实现设备状态监测、智能预警和智能运维等，降低煤耗6克/千瓦时，减少非计划停运时间10%。智能钻机已推出首套全国产化产品，在日本等国外一些地区实现钻井作业的自动化、数字化、低碳化。

深入推动"三个转变"，东方电气集团将牢记"国之大者"，继续以实干实践彰显央企责任与担当，在主动服务国家战略、坚持科技自立自强，推动高质量发展的征程上，加快打造世界一流装备制造集团。

华润集团：

践行高质量发展　加快建设华润特色国有资本投资公司

万象天地已成为深圳打卡新地标

〉〉〉〉〉〉〉〉 **企业简介**

华润集团的前身是于 1938 年在香港成立的"联和行"。1948 年联和进出口公司改组更名为华润公司。1952 年隶属关系由中共中央办公厅转为中央贸易部（现为商务部）。1983 年改组成立华润（集团）有限公司。1999 年 12 月，与外经贸部脱钩，列为中央管理。2003 年归属国务院国资委直接监管，被列为国有重点骨干企业。

华润集团以"引领商业进步，共创美好生活"为使命，通过不断创新生意模式，打造产品和服务品牌，有效地促进了产业发展，为提高大众的生活品质作出了应有的贡献。目前，华润零售、啤酒、燃气、商业地产、制药和医疗等经营规模在全国位居前列。电力、水泥业务的经营业绩、经营效率在行业中表现突出。华润置地是中国内地实力雄厚的综合地产开发商之一。雪花、怡宝、华润万家、万象城、999、双鹤、东阿阿胶、江中等是享誉全国的知名品牌。

目前，华润集团正在实施"十四五"发展战略，立足香港，服务国家战略，以重塑华润战略为主题，突出高质量发展，强化创新引领，优化资源配置，培育和巩固核心产业，保持行业领先地位，为客户提供优质的产品和服务，持续提升股东价值，打造具有华润特色的国有资本投资公司，成为具有全球竞争力的世界一流企业。

　　高质量发展是全面建设社会主义现代化国家的首要任务，这是党的二十大报告作出的新的重大论断。国有企业聚焦实现高质量发展这个首要任务，就是要将把握新发展阶段、贯彻新发展理念、构建新发展格局融入落实到经济社会发展全过程和全领域，抓紧解决不平衡不充分的发展问题，着力提升发展质量和效益。

　　近年来，华润集团深入学习贯彻习近平新时代中国特色社会主义思想，践行"三个转变"重要指示，把发展质量摆在更突出的位置，立足香港，服务国家战略，强化创新引领，优化资源配置，培育和巩固核心产业，保持行业领先地位，加快建设华润特色国有资本投资公司和具有全球竞争力的世界一流企业。

激活焕新　华润置地打造城市可持续发展样本

　　傍晚时分，深圳市南山区深南大道华灯初上，车辆川流不息，刚从华润置地大厦 E 座下班的白领步履匆匆，背着书包的学生结束一天的课业，从大

大冲村旧貌

大冲旧村改造中保留的大王古庙

冲学校鱼贯而出，南山科技金融城的创业者则准备去万象天地餐叙⋯⋯

这是深圳大冲村的一个普通夜晚，眼前的繁华景象让人实难想象十多年前这里还是"脏、乱、差"的城中村。当时，这里市政设施严重匮乏，建筑密度大，安全隐患严重，社会治安混乱，残败坍圮的面貌与比邻而居的现代化高新园区形成鲜明对比。

大冲城市更新项目占地面积 68 万平方米，动迁居民 1300 户，拆除房屋 1500 多栋，总规划建筑面积达 280 万平方米，是当时广东省旧城改造之最。在政策体系相对不完善，人们对旧改存在固有认知和偏见的时代背景下，项目牵涉人员庞杂、利益错综纠结、开发流程烦琐、资源投入浩繁，无一不对操盘方的资质和能力构成巨大挑战。最终，华润置地脱颖而出，成为大冲旧村改造的建设者。

从 2007 年与村集体初步达成合作意向，到 2011 年改造工程破土动工，再到全面完工，历经十余年，总投资逾 450 亿元，华润置地将昔日的破旧村落换了新颜，改造成为集文化、购物、餐饮、酒店、娱乐、教育、休

深圳华润城

闲、办公、居住等多功能、多层次消费元素于一体的现代化国际都市生活圈——深圳华润城。

大冲村的改造之路可谓道阻且长。早在 1998 年，深圳市政府就将大冲村纳入旧改计划，之后改造规划经历了漫长的酝酿过程，直到 2007 年华润置地被确定为改造实施主体，改造才正式提上议程。而从项目启动到全面建设，中间经过了三四年的整理筹备期，在此期间，华润置地充当各相关方的"中间人"和"协调者"，做了大量的工作。通过创新工作机制、设置监管规范、实施柔性安置，妥善平衡了政府、专家、村民、社会公众及开发商对于旧村改造的诉求和期待。特别是在政府大力支持下，华润置地切实履行社会责任，充分照顾村民利益，将最好地块用于建设回迁物业，

通过改造总计补偿村集体 38 万平方米办公楼，补偿村民 68 万平方米住宅和商业，让村民在原有家园上安居乐业；并创造性地保留了旧村郑氏宗祠、大王古庙、大涌石以及古榕树等历史文化遗产，使当地居民的记忆与情感不至于因城市变迁而割裂。

城市更新的意义在于，通过孕育更加良好的城市结构和城市环境，帮助身处其中的人们实现更加美好的生活。今天，华润置地在全国多个核心城市主导多个城市片区整体改造工程，涉及旧工业区、城中村、旧住宅区、土地整备、大片区统筹等多种改造类型，承担实施主体、前期服务商、城市更新项目顾问等多种角色。未来，华润置地将继续肩负起"城市复兴"的使命，凭借自身品牌综合实力、国际化视野、匠心独具的产品开发和运营能力，努力构筑符合每个城市精神气质和人们发展需求的"理想之城"，为高质量发展谱写更多优美的注脚。

超前布局　华润电力抢占海上风电发展先机

浙江温州苍南县东部海域，离岸 26 公里，水深 19—26 米处，一座座高达 127 米，总装机容量达 400MW 的风电机组矗立在碧蓝的大海之上，洁白的风叶展翅飞旋，热情地拥抱着海风。

这里是我国海上风电项目进入平价时代第一个筹备并开工建设的海上风电项目——华润电力苍南 1 号海上风电项目（以下简称苍南 1 号），陆上集控中心采用三叶片去工业化设计型式和整机机组排布与浙江温州市 168

华润电力苍南 1 号海上风电项目

黄金海岸风景线交相辉映，成为苍南海岸线上一颗璀璨明珠。

这颗"明珠"打破了单船单月沉桩数量的全国纪录、海上升压站上部组块国内最短建造工期纪录，还实现了在秋冬季季风期单月敷设 30 根 35 千伏海缆的壮举。

苍南 1 号是独特的，因为它首次在浙江海域成功应用了 10 兆瓦级别的风机。通过反复论证，采用 6.25 兆瓦与 10 兆瓦风机机组混排方式，巧妙地排列组合，在满足总装机容量 400 兆瓦的前提下，从可研阶段所需的 77 台缩减至 49 台。

数量的减少并不能代表降低工程难度。相反，需要有敢于创新和技术突破的勇气和决心，才能达成高效、可持续、高质量的工程目标。

负责海务管理的汪琪介绍，6.25 兆瓦风机机组重约 284 吨，10 兆瓦风机机组重达 458 吨，其中单叶片最长达 102 米。抢装潮和疫情期间，主机制造、供货，运输、海上组装均给项目组带来巨大难题。除了在施工前就风机安装、海上运输方案等组织行业专家评审外，在现场，项目组采用"一机一方案，一机一总结"的工作方式，在每台风机吊装完成后组织召开专题会议进行总结分析，不断优化施工工艺，6.25 兆瓦风机吊装由最初的 80 个小时减少到 30 个小时，10 兆瓦风机吊装由最初的 114 个小时减少到 53 个小时。

从地理位置来看，苍南 1

号位于浙江海域台风频发区,历史实测极大风速可达 71.6 米/秒,海域地质淤泥厚度约 40 米,复杂的海域和地质环境,零散的可作业窗口期,这对于项目组优化设计、船舶设备选型、科学组织和实施每一项都是巨大的挑战。面对自然的力量,项目组要做的不仅仅是应对,更要创新。为了克服这些挑战与困难,项目组采用了单桩基础顶高程设计为 19.0 米的方案,确保平台设备免受海浪冲击。此外,风机加长了叶片,增大了扫掠面积,使其能够在同等风速条件下显著提高发电量。这个做法也成就了"苍南 1 号"——"国内首个叶轮直径 210 米的大叶片抗台机型商业化规模化应用风电场"的美誉。

2022 年 12 月 28 日,苍南 1 号海上风电项目全容量并网发电,这片风电场预计年上网电量可达 13.5 亿千瓦时,与相同发电量的常规燃煤火电机组相比,每年可节约标煤约 42.2 万吨,节约淡水 400 万立方米,并减少相应的水力排灰废水和温排水排放,具有显著的经济和环保效益。项目不仅在行业内树立起海上风电全面平价时代的第一面旗帜,同时也为浙江共同富裕示范区建设"全面推进生产生活方式绿色转型"、助力县域经济实现高质量发展作出重要贡献。

党的二十大报告指出,要加快建设世界一流企业。表明了我们的国家需要一批能够体现国家实力和国际竞争力的世界一流企业。

2022 年 6 月,华润集团因功能定位准确、资本运作能力突出、布局结构调整成效显著,正式转为国有资本投资公司。立足当下,华润集团在前期实践的基础上,着眼于加快建设具有华润特色国有资本投资公司和世界一流企业的战略目标,构建与其相适应的"1246 模式":实现 1 个目标,布局 2 大业务方向,实施 4 种路径,提升 6 大能力建设,努力实现由以实业为主的多元化控股企业向国有资本投资公司的第四次转型。

实现 1 个目标,即建设具有华润特色国有资本投资公司和世界一流企业。布局 2 大业务方向,即"大国民生"和"大国重器"。"大国民生"是华润业务的基石和根据地;"大国重器"是华润业务的未来和新大陆。实施

1246 模式

4 种路径,按照战略组织文化一致性要求,用好价值重塑、业务重塑、组织重塑、精神重塑 4 种路径。提升 6 大能力,包括资金募集能力、投资管理能力、产业发展能力、监督管理能力、资产退出能力和共享服务能力。通过持续完善"1246 模式",使华润特色国有资本投资公司模式更加成熟定型,切实加快华润世界一流企业建设。

2023 年以来,华润集团牢牢把握高质量发展首要任务,围绕"1246 模式",稳增长、谋发展、促改革,被纳入创建世界一流示范企业名单,成为既是国有资本投资公司又是创建世界一流示范企业的四家中央企业之一。同时,在国务院国资委下发的《关于印发 2022 年度中央企业改革三年行动重点任务考核结果的通知》中,华润集团获评 A 级企业,位列第 10 名。

2023 年也是华润创立 85 周年暨华润集团成立 40 周年的特殊年份。当前,华润集团正在紧紧围绕"重塑华润"战略,瞄准"十四五"战略目标,推进"1246 模式"全面落地,在加快建设华润特色国有资本投资公司和具有全球竞争力的世界一流企业、以高质量发展助力中国式现代化建设的新征程上阔步向前。

中国旅游集团：

诚信经营　优质服务　助力旅游业高质量发展

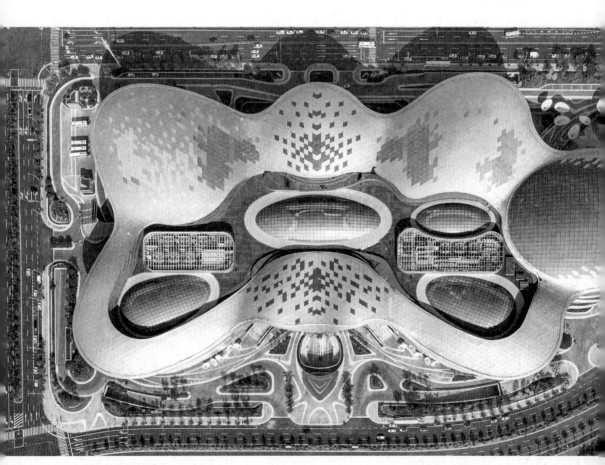

海口国际免税城

>>>>>>> **企业简介**

中国旅游集团有限公司暨香港中旅（集团）有限公司（简称中国旅游集团）是中央直接管理的国有重要骨干企业，也是总部在香港的中央企业之一。集团历史可追溯到 1923 年 8 月 15 日上海商业储蓄银行设立的旅行部。经过百年的发展，中国旅游集团形成了由中旅旅行、中旅国际、中旅投资、中旅免税、中旅酒店、中旅发展、中旅资产、中旅邮轮八大业务单元组成的产业布局，网络遍布内地、港澳和海外近 30 个国家和地区。旗下汇聚了港中旅、国旅、中旅、中免等众多知名旅游品牌，是唯一一家以旅游为核心主业的央企，也是目前我国发展历史最长、产业链条较全、经营规模较大、品牌价值较高的旅游龙头企业。

中国旅游集团认真贯彻落实习近平总书记重要指示批示精神和党中央重大决策部署，以"旅游报国，服务大众"为宗旨，奉行"融合协同、开放包容、睿智务实"企业价值观，切实履行央企政治责任、经济责任和社会责任，发挥旅游行业"国家队"和"排头兵"作用，以文促旅、以旅彰文，用实际行动推动文化和旅游深度融合，加快建设世界一流企业，努力成为拥有卓越产品创新能力与资源禀赋，具备全球竞争力的世界一流旅游产业集团。

旅游业作为五大幸福产业之首，在满足人民美好生活需要、带动社会消费增长等方面发挥着非常重要的作用。"诚信经营、优质服务"既是习近平总书记对企业和行业的重要指示，也是旅游业的安身立命之本。中国旅游集团作为唯一一家以旅游为核心主业的央企，切实把"诚信经营、优质服务"理念融入集团经营发展中，持续提升集团管理服务能力、产品服务质量、服务标准化水平和经营效益，推动集团实现高质量发展，加快建设成为产品卓越、品牌卓著、创新领先、治理现代的世界一流旅游产业集团，更好地满足人民对旅游美好生活的需求和向往。

提高政治站位，深刻认识"诚信经营、优质服务"重要意义

"诚信经营、优质服务"是加快建设成为世界一流旅游产业集团的根本遵循。2022 年 4 月，习近平总书记在视察中国旅游集团三亚国际免税城时指出，要更好发挥消费对经济发展的基础性作用，依托国内超大规模市场优势，营造良好市场环境和法治环境，以诚信经营、优质服务吸引消费者，为建设中国特色自由贸易港作出更大贡献。同年 10 月，党的二十大报告强调，完善中国特色现代企业制度，弘扬企业家精神，加快建设世界一流企业。中国旅游集团通过开展"诚信经营、优质服务"和"管理服务提升年"专项行动，切实落实总书记重要指示精神，通过对标一流，补短板强弱项锻长项，着力提升核心管理能力和核心服务能力，扛起中央企业的政治担当。

"诚信经营、优质服务"是实现高质量发展的根基。2023 年初，国务院国资委部署开展为期两年多的对标世界一流企业价值创造行动，聚焦高质量发展，指出价值创造是国有企业实现高质量发展的重要内容，是企业提升全球竞争力的本质要求。中国旅游集团各级企业通过积极践行"诚信经营"提升依法合规经营管理水平，营造诚实守信营商环境，为高质量发展筑牢根基，并通过"优质服务"加快提升核心管理能力和服务质量水

三亚国际免税城

平，持续提升价值创造能力，实现高质量的稳增长。

"诚信经营、优质服务"是中国旅游集团抢抓机遇、实现自身业务恢复发展的迫切需要。2023 年是三年新冠疫情防控转段后经济恢复发展的一年，也是消费回暖、出行迅猛增长的一年，实现旅游业务快速恢复迫在眉睫，引领旅游行业复苏发展，彰显国资央企作用责任重大。"诚信经营、优质服务"是中国旅游集团业务恢复发展的重要举措，只有紧跟旅游市场变化，提供优质的产品和服务，才能通过满足消费者个性化、多样化、品质化的旅游需求，促进业务恢复发展，提升市场竞争力和号召力。在业务开展中，"以消费者为中心"的发展思想在中国旅游集团各级企业得到积极贯彻。

庆祝香港回归祖国 26 周年暨中旅百年华诞圆明园兽首暨文物展

坚持多措并举，积极践行"诚信经营、优质服务"理念

2022 年，中国旅游集团在全集团范围内持续开展"诚信经营、优质服务"活动，推动各企业经营和服务水平的持续提升。为达到活动效果，中国旅游集团党委班子齐抓共管，全面负责各项工作的组织领导、总体部署、统筹协调、指导推进和监督落实，并将任务逐层分解，建立起上下协同的工作机制，形成贯彻落实的工作合力。为切实把"诚信经营、优质服务"理念融入集团经营发展中，持续提升集团管理服务能力和经营效益，中国旅游集团把 2023 年确立为"管理服务提升年"，党委书记带头谋划部署，以加强核心管理能力提升和加强核心服务能力提升两条主线，持续深化优质服务，推动集团实现高质量发展。

为落实国务院国资委关于"以对标促达标，以达标促创标"的工作要求，中国旅游集团坚持分类对标、精准对标，着力补齐短板。一是加强对

"百万青年看祖国"系列活动

标管理工作顶层设计。2023 年以来，组织召开对标管理体系建设系列专题会，印发《集团对标管理体系建设方案》，明确集团"2W3H"全要素对标分析体系和集团总部、二级公司（事业群）两层级对标分析机制，建立完善"月度跟踪、季度分析、半年检讨、年度总结"对标工作机制。加强对行业和对标企业的日常监测和跟踪，将对标分析情况融入月度经营分析，不断查找短板不足，提出经营策略检讨和改进方向，补短板强弱项锻长项，不断巩固成效。二是坚持眼睛向外，对标一流，按照"月月有主题，一月一活动"的机制策划了一系列行业大咖讲堂、现场交流会议，组织赴携程、华住、锦江、开元森泊等行业优秀企业学习，先后邀请了多位旅游业界大咖和行业专家分享交流最佳管理实践，推动各所属企业开阔工作思路，认真学习借鉴，有效提升核心管理和服务能力。

结合新时代新特征，中国旅游集团认真研究旅游消费新需求、新趋势，深入检视自身服务标准与客户需求的差距，全面优化升级服务标准体系和服务规范，加大高质量旅游产品供给，全方位提升服务能力和水平。一是对客服务企业深入开展核心服务能力提升工程，持续健全产品和服务标准体系，2023 年在集团层面发布了对客服务标准、服务规范、业务流程手册 45 套，推动服务向专业化、精细化和高品质转变，其中不少标准彰显了集团高质量履行社会责任的决心，如旗下旅行社业务发布香港青少年赴内地研学规范，旨在提高香港研学活动服务的质量和安全性、推动研学服务行业健康发展。二是以客户为中心、围绕客户需求开展服务质量监测，开展真实顾客"体验式"暗访调查，检测、评价集团所属企业服务质量，客观真实地评估产品和服务标准宣贯执行、客户消费体验和客户满意度情况，旗下免税业务主动倾听顾客声音，开展 VIP 会员一对一深度访谈调研，深入挖掘会员体验、会员服务、售前售后服务、物流等方面存在的问题，明确整改方向，促进服务能力和水平加速跃升。

中国旅游集团以数字化转型为抓手，以科技创新驱动形成产业高质量发展竞争优势，游客服务体验持续提升。一是加快新技术手段在旅游消费

中旅通

场景应用,让消费者畅享精彩数字文旅体验。景区业务分步推行智能综合管控,试点智能闸机、机器人导览、VR 全景漫游等科技应用,酒店业务落地 3.0 智能化设计,实现全流程的无人接触式自助办理入住。二是聚合资源,构筑集团生态体系"新支柱"。通过"中旅通"大会员体系建设,整合全集团线上产品和服务,打通各业务板块会员数据,累计会员数达 4253 万人,持续优化客户体验。

中国旅游集团重视深入挖掘典型,形成带动效应。2023 年以来,集团总部相关部门、各二级公司(事业群)结合本单位的标杆做法、典型经验,进行 13 次经验分享,共挖掘 34 个标杆案例。通过对先进典型案例、优秀经验和取得成果的广泛宣传,形成示范带动效应。此外,也将标杆经验分享纳入专项行动考核加分项,营造集团上下积极挖掘标杆的浓厚氛围,鼓励广大员工积极践行"诚信经营、优质服务"理念,有效调动全员参与的积极性、主动性。

立足初心使命,推动旅游主业高质量发展

经营效益持续改善、经营业绩稳步提升。2023 年以来,旅游消费回暖、旅游业务快速复苏,中国旅游集团抢抓市场机遇,不断增加旅游产品服务供给,强化市场营销工作,努力开源创收、降本控费,全力推进提质增效稳增长,整体经营效益持续改善、经营业绩稳步提升。截至 2023 年 10 月底,整体经营保持稳健态势,各项业务稳中有进,累计实现营业收入创同期历史新高;集团"一利五率"指标实现"一增一稳四提升",有效推动国有资本保值增值、持续推动企业做强做优做大。

深化创新服务理念、提升对客服务能力。中国旅游集团持续创新服务质量管理理念,在免税业务中打造"S(Super Service)店"优质服务品牌,并开展重点品牌服务品质提升行动,通过系统化重塑运营标准、服务规范、组织架构、薪酬福利和业务系统,全面提高对客服务能力,持续提升

南海之梦号邮轮

客户满意度并转化为经营业绩的提升。中旅旅行申报的《标准化推动产品创新和服务升级，助力旅行社发展行稳致远》以及中旅（宁夏）沙坡头旅游景区有限公司申报的《崇尚自然，以爱为本，特色标准塑造精致服务典型》两项典型经验入选文化和旅游部公布的 20 项全国文化和旅游标准化示范典型经验名单。景区业务通过总部和企业共创共建的方式，发布 4D 服务标准体系，推出自然景区"WILD"服务（浸享自然，探索生长）和度假区"SOUL"服务品牌，2023 年下半年以来，各月满意度水平均位于行业前列。酒店业务启动擦亮"真情耀客"服务理念系列工作，提出"5M"服务原则，全渠道慧评得分、口碑竞争指数均名列前茅。

高质量发展成果惠及民生，彰显央企责任担当。中国旅游集团充分发挥驻港央企的科技创新、安全支撑、产业引领作用，对香港证件业务开展"攻坚会战"，积极应对两地通关后回乡证办证高峰，扎实提升客户服务能

宁夏沙坡头星星酒店

力，安全有序保障香港市民返乡，有效解决香港市民急难愁盼的问题，促进香港内地交流融合，受到香港中联办、特区政府及香港社会各界广泛好评，对加速香港人心回归意义重大。围绕港珠澳大桥通行需求，中国旅游集团积极拓展业务，开展"港车北上业务"，促进粤港澳三地人员往来便利化，服务态度好、工作质量高、预约系统便捷得到了客户普遍认可。

　　未来，中国旅游集团将进一步提高政治站位，紧紧围绕贯彻落实习近平总书记重要指示批示精神和党中央重大决策部署，进一步凝心聚力，自觉肩负起驻港旅游央企的使命，更好发挥消费对经济发展的基础性作用，更好地在旅游行业发挥示范引领作用，更好满足人民对旅游和美好生活的需要，进一步推动集团高质量发展，为强国建设和民族复兴贡献更大力量。

中国诚通：

用"三个转变"引领国有资本运营高质量发展

中共中央党校（国家行政学院）中国诚通学习贯彻党的二十大精神培训班（第一期）合影
2023年3月北京

2023年3—4月，中国诚通党委在中共中央党校（国家行政学院）举办学习贯彻党的二十大精神培训班

>>>>>>>> **企业简介**

中国诚通控股集团有限公司（简称中国诚通）1992年10月由原国家物资部直属物资流通企业合并组建而成，是国务院国资委监管的中央企业，是国务院国资委首批建设规范董事会试点企业、首家国有资产经营公司试点企业和中央企业国有资本运营公司试点企业，2022年12月由国有资本运营公司试点转入持续深化改革阶段。

作为中央企业国有资本运营公司，中国诚通聚焦"提高国有资本配置和运行效率"新使命，立足"国有资本流动重组、布局调整的市场化运作专业平台"新定位，锚定"服务国家战略、服务国资央企"主方向，构建形成基金投资、股权管理、资产管理、金融服务和战略性新兴产业培育的"4+1"业务平台布局。

"十四五"时期，中国诚通将全面贯彻习近平新时代中国特色社会主义思想和党的二十大精神，以服务落实国家战略为导向，持续深化改革创新，不断增强核心功能、提高核心竞争力，加快建设具有国际竞争力的一流国有资本运营公司，为做强做优做大国有资本和国有企业，以中国式现代化全面推进强国建设、民族复兴伟业贡献智慧和力量。

自 2014 年 5 月 10 日，习近平总书记作出"推动中国制造向中国创造转变、中国速度向中国质量转变、中国产品向中国品牌转变"重要指示以来，中国诚通深入践行"三个转变"重要指示，旗帜鲜明坚持和加强党的全面领导，牢牢把握新时代新征程中央企业使命定位，探索完善"管资本管人管党建"相统一的体制机制，创新实施"三融一化"党建工程，构建形成具有中国特色的国有资本运营公司治理体系、组织架构和运行机制，顺利实现从国有资产经营公司到国有资本运营公司的新跨越，为做强做优做大国有资本和国有企业、全面推进中国式现代化贡献了"诚通力量"。

十年来，中国诚通党的领导党的建设全面加强，"强总部、大运营"机制运行良好，"4+1"平台功能充分显现，规模实力和经济效益大幅提升，服务国家战略能力显著增强。在国务院国资委考核中，经营业绩连续 3 年被评为 A 级，党建责任制连续 6 年被评为 A 级。

强化党的领导　持续把正资本运营"方向标"

坚持党的领导、加强党的建设，是国有企业的"根"和"魂"，是我国国有企业的独特优势。中国诚通党委深入学习贯彻习近平总书记关于国有企业坚持党的领导、加强党的建设的重要论述，牢固树立"抓发展必须抓党建、抓党建就是抓发展"理念，始终把党的领导、党的建设贯穿改革发展的全过程和各方面，着力打造对党绝对忠诚、具有国际竞争力的一流国有资本运营公司。

在加强理论武装中引领前进方向。中国诚通坚持把习近平总书记重要讲话和重要指示批示作为"第一议题"常学常新，不断提高政治判断力、政治领悟力、政治执行力，充分发挥党委"把方向、管大局、保落实"的领导作用，运用党内集中教育和党委中心组学习、战略执行研讨会等时机，牵头组织董事会、经理层共同对战略性方向性问题进行务虚研讨和超前研究，站在"国之大者"高度谋划集团发展战略，高标准推进国企改

2021年7月，中国诚通举行诚通党校揭牌仪式

革深化提升行动，以推动高质量发展的实际行动捍卫"两个确立"、践行"两个维护"。诚通集团党委《发挥党组织独特优势，有效破解"处僵治困"难题》做法，入选全党"不忘初心、牢记使命"主题教育典型案例、党校教学案例和教学手册。

在锻造忠诚队伍中凝聚智慧力量。中国诚通大力实施"人才强企"战略，坚持党管干部、党管人才与市场化选聘相结合，加大教育、培养和引进力度，着力培养创新型、实战型、领军型、复合型国有资本运营人才，打造"关键时刻听指挥、拉得出，危急关头冲得上、打得赢"的忠诚队伍。成立诚通党校（干部人才培训中心），举办党史学习教育、党的二十大精神等各类培训班，提升党员干部政治能力和理论素养。坚持把资本运营一线作为培养干部的"主课堂"，加快劳动、人事、分配三项制度改革，推

2022 年 3 月，中国诚通召开第三次党代表大会

行经理层成员任期制、契约化和差异化薪酬制度，健全公开招聘、竞争上岗、优胜劣汰等机制，每年开展"诚通之星""先进集体""先进工作者"等评选表彰，大力弘扬"勇挑千斤担、敢啃硬骨头"的诚通精神，为推进国有资本运营高质量发展提供智力支持和人才支撑。

在服务国家战略中彰显使命担当。中国诚通始终牢记央企"姓党为民"政治属性，自觉讲政治、顾大局、敢担当，坚持一手高擎"党建引领"的红旗，一手高举"经济领军"的大旗，主动扛起服务国家战略的重大使命，在服务国有资本布局优化和结构调整、培育前瞻性战略性新兴产业等方面大胆创新、主动作为，在推进央企股权多元化改革、承接培训疗养机构改革资产、化解海工装备过剩产能，以及托管中国铁路物资集团、接收天津力神电池等急难险重任务中冲锋陷阵、攻坚克难，做到"凡是上级交办的任务无条件全接、不推不挡、坚决执行"，在服务国家战略、服务国资央企中彰显"诚通价值"，赢得社会各界良好评价。

强化改革创新　持续注入资本运营"动力源"

改组国有资本运营公司，是党的十八届三中全会作出以管资本为主改革国有资本授权经营体制的创新举措。中国诚通坚决贯彻习近平总书记关于深化国资国企改革的重要指示精神，充分发挥曾经担负中央企业董事会建设、资产经营两次试点的经验优势，想方设法试体制、试机制、试模式，着力提高国有资本配置和运行效率，奋力打造国资央企高质量发展"改革工具箱"和前瞻性战略性新兴产业"孵化器"。

探索健全运营公司治理机制。中国诚通坚决落实"两个一以贯之"，在完善公司治理中不断加强党的领导，把党的建设融入"管资本"各领域，推动落实"党建进章程""双向进入、交叉任职""一肩挑"领导体制和国有资本授权放权机制，明确党委与董事会、经理层的权责边界，完善

2023 年 7 月，中国诚通牵头成立国调二期协同发展基金

2023 年 10 月，中国诚通举行力神电池滁州基地落成投产仪式暨新产品新形象发布会

各治理主体议事规则、党委前置研究讨论重大事项等制度，形成总部权力与责任清单、总部授权放权清单，探索形成以资本为纽带、以人员管理为链条、管资本管人管党建相统一的国有资本运营公司体制机制。按照"资本运营到哪里，党组织作用就发挥到哪里"原则，创新实施"三融一化"党建工程，推动党的领导与公司治理有机融入、党建工作与生产经营深度融合、党务干部与业务干部交流融通，着力把党组织独特优势转化为企业高质量发展的内生动力和治理效能。

改革完善运营总部管控模式。中国诚通突出市场化改革方向，按照"精简高效、运行专业"原则，以"新设"方式改组运营公司，强化战略规划、制度建设、资源配置、资本运营等职能，既保证较短时间内搭建符合中央要求的运营公司治理体系、组织架构和运行机制，又有效利用中国诚通既有团队、治理、文化等资源禀赋，使运营公司作用得以迅速发挥。完善"战略＋财务型"管控模式，突出"强在资源汇集、强在战略管理、强在风险控制、强在党建赋能",聚焦"研究大战略、获取大资源、培育大产业、利用大市场、倍增大价值",形成更加匹配资本运营特点、更为科学合理的"强总部、大运营"格局,实现从"审批式管理"向"通过公司治理机制行权"的转变。

创新拓展运营平台功能作用。中国诚通聚焦国有资本运营公司主责主业,构建形成基金投资、股权管理、资产管理、金融服务和战略性新兴产业培育"4+1"业务平台布局。牵头设立形成以中国国有企业结构调整基金、中国国有企业混合所有制改革基金两只国家级基金为主、债转股基金等专业基金为辅、总规模6500亿元的基金体系,累计完成投资交割超过2000亿元,成为管理基金规模最大、投资交割金额最多、市场影响力显著的基金投资"国家队"。中国诚通出资超过930亿元参与国家油气管网、钢铁、电气装备、绿色能源、现代物流等重点行业重组整合和股权多元化改革,在形成资本配置和财务回报"压舱石"的同时,构建"通联企业"生态圈。创新打造资产经营"升级版",以市场化方式盘活国有资产存量,助力国家供给侧结构性改革等改革落地。积极开展证券、公募基金、财务公司、商业保理、融资租赁、保险经纪等业务,培育产融结合、以融促产的金融服务体系。积极培育战略性新兴产业,加快力神电池产业布局,加大与产业链上下游企业合作共赢,着力打造央企新能源产业旗帜;以实现"双碳"目标为引领,优化纸业板块产业布局,大力培育高端绿色浆纸行业领军企业。

强化科学管控　持续筑牢资本运营"防火墙"

国有资本运营公司核心业务是投资,一个项目动辄几亿、几十亿元,稍有闪失,造成的损失触目惊心。中国诚通坚决贯彻习近平总书记关于全面从严治党的重要指示精神,牢记"党和人民把国有资产交给企业领导人员经营管理,是莫大的信任。信任是最大的关怀,但信任不能代替监督,

2024 年 4 月，中国诚通召开世界一流法治企业建设试点工作启动会暨 2024 年法治工作会

关心不能忘了严管"的谆谆告诫，加大思想教育、监督监管、依法经营力度，筑牢廉洁、安全、合规"三道防线"，确保国有资本牢牢掌握在党的手中。

用思想教育筑牢廉洁防线。中国诚通严格落实全面从严治党"两个责任"，扎实开展党性教育、宗旨教育、警示教育等经常性思想教育，一以贯之纠"四风"、转作风、正风气，每年开展"反腐倡廉宣传教育月"活动，持续加强作风建设和专项整治，引导广大党员干部增强廉洁自律意识，提高拒腐防变能力，自觉把纪律和规矩挺在前面，时时谨慎用权、处处严守底线，真正从思想深处拧紧廉洁从业的螺丝，争当守护国有资本的忠诚卫士。

用监督监管筑牢安全防线。中国诚通针对资本运作市场化程度高、专业性强的特点，综合运用纪检监察、巡视巡察、经济责任审计、投资后评价等手段，把管资本为主和对人监督结合起来，加强事前制度规范、事中跟踪监管、事后监督问责，切实管好关键人、管住关键事、管到关键处，用"专门力量"监督"专业人员"，构建权责清晰、齐抓共管的"大监督"

格局，涵养风清气正的政治生态。强化党内纪律执行与资本运营规则同步监督，健全"三重一大"决策运行监督机制，建好用好"上报国务院国资委、下联各企业"的实时在线监管系统，用信息手段实现决策运行透明、行为过程可控、责任过失可查，确保国有资本绝对安全。

用依法经营筑牢合规防线。全面推进"法治央企"建设，牢固树立"合规创造价值"理念，加强合规经营和风险管控，建立月度风险报告和重大风险会商制度，构建以价值创造为导向的合规内控体系，加强全流程风险把控，为资本设置"红绿灯"，科学有效防范各类风险问题，以"零风险"管控确保"零风险"结果。坚持合规为本、风控为先，做到"对内透明经营促管理、保稳定，对外信息公开促规范、提价值"，每年披露国有资本运营年报和社会责任报告，主动接受社会监督，不断擦亮国有资本运营公司品牌名片。

中交集团：
在交通强国建设中勇当先锋

深中通道

>>>>>>>> **企业简介**

　　中国交通建设集团有限公司（简称中交集团），品牌名称"中国交建"，主要从事公路、水运、铁路、机场等交通基础设施和城市基础设施的投资、设计、建设和运营业务，是世界最大的港口设计及建设企业，世界领先的公路、桥梁设计及建设企业，世界领先的疏浚企业，全球最大的集装箱起重机制造企业，亚洲最大的国际工程承包企业，拥有强大的自主创新能力，创造了多项"世界第一"工程，在大交通、大城市领域具有全产业链一体化服务能力，在国际化、江河湖海治理等方面具有独特优势。

　　中交集团从事基础设施相关产业已有100多年历史，拥有60余家全资控股子公司，其中有中国最早成立的疏浚企业、筑港企业、筑路企业和对外承包企业，在全球设立近300个境外机构，在150多个国家、地区开展实质性业务，历史悠久、业务多元、文化厚重。

　　中交集团坚持"让世界更畅通、让城市更宜居、让生活更美好"的企业愿景，秉承"固基修道、履方致远"的企业使命，坚守"交融天下、建者无疆"的企业精神，强化"以业绩论英雄，英雄不论出处"的价值导向，努力打造具有全球竞争力的"科技型、管理型、质量型"世界一流企业，全面成为"让出资人放心、客户满意、相关利益方信任、经营者安心、员工幸福、社会赞誉"的受人尊敬的企业。

习近平总书记指出，"交通成为中国现代化的开路先锋"。当前，我们已经迈上以中国式现代化全面推进中华民族伟大复兴的新征程，加快建设交通强国责任重大、使命光荣。作为交通强国建设试点单位，中交集团始终锚定"人民满意、保障有力、世界前列"的建设目标，聚焦加快形成安全、便捷、高效、绿色、经济的现代化综合交通体系持续发力，以实际行动诠释了交通强国建设先锋的使命担当。

坚持胸怀"国之大者"，当好交通基础设施立体互联的国家队

建设现代化高质量综合立体交通网络是交通强国的首要任务。中交集团依托交通基础设施投资、建设、运营一体化服务的独特优势，逢山开路、遇水架桥，模范履行政治责任、经济责任、社会责任，全方位打造交通基础设施立体互联建设的国家队。

全面融入发展大局。深入研究《交通强国建设纲要》《国家综合立体交通网规划纲要》，全面对接构建安全、便捷、高效、绿色、经济的现代化综合交通体系要求，明确"面向世界、聚焦建设、突出主业、专注专业"的发展原则，持续打造基础设施及现代综合交通领域的产业投资控股平台。聚焦"大交通"领域，坚持"三重两大两优"经营策略，持续深耕京津冀、长江经济带、粤港澳大湾区等国家战略区域，密集对接重点项目、重要区域、重大市场，实现企业发展与践行国家战略的同频共振、有机统一。

全力担纲战略工程。不讲条件、全力以赴，统筹优势资源，全方位参与国家重特大交通建设项目。党的十八大以来，累计建成高速公路超过1.5万公里，高速铁路超过1000公里，轨道交通超过500公里，万吨级及以上港口泊位超过500个，特长隧道超过100座。港珠澳大桥创下多项"世界之最"，被称为"圆梦桥、同心桥、自信桥、复兴桥"。上海洋山港四期工程成为全球规模最大、自动化程度最高的自动化集装箱码头，展示了中国智造、吞吐世界的大国气度。北京大兴国际机场作为平安、绿色、智慧、

港珠澳大桥

　　人文四型机场标杆，成为首都"新国门"。"雪飞燕"国家高山滑雪中心被誉为"冬奥会皇冠上的明珠"。正在施工的天山胜利隧道、川藏铁路易贡隧道分别是全国最长的高速公路、铁路隧道工程。中交集团已经成为展示"中国港、中国路、中国桥、中国岛、中国城、中国装备"的名片。

　　全速加快科技创新。坚持把科技创新作为"头号任务"，在高原冻土、离岸深水港、深埋沉管隧道、长大桥建设以及岛礁快速成陆等领域牢牢掌握一批关键核心技术，荣获两次国家科学技术进步奖特等奖。着力打造原创技术策源地和产业链链长，成立中交科协、组建高端科技智库，2个国家工程研究中心纳入国家科技创新基地新管理序列。振华重工港机产品已

"天鲲号"

进入全球 107 个国家和地区，连续 26 年市场份额世界第一，成为"民族工业的一面旗帜"。"天鲲号"是我国首艘自主研发、拥有完全自主知识产权的重型自航绞吸挖泥船，泥泵远程输送能力居世界首位，被称为"造岛神器""地图编辑器"。自主研发的世界首创高寒高海拔、大深度、超大直径硬岩竖向掘进机"首创号"顺利下线，零部件实现全国产化，有力支撑交通领域高水平科技自立自强。

　　全效助推乡村振兴。小康不小康，关键看老乡。中交集团用心用情用力精准帮扶，助力云南省怒江州和新疆英吉沙县 5 县（市）打赢脱贫攻坚战。针对基础设施薄弱、支撑能力不强等突出问题，加快产业路、旅游路和资源路建设，有效破解交通运输瓶颈，打造了"交通＋特色产业""交通＋生态旅游"等扶贫模式。出资援建的中交怒江连心桥、中交福贡木尼

2023 年 1 月 2 日，"天鲲号"正式投入阿联酋阿布扎比胡达里亚特岛疏浚吹填工程建设

玛大桥，结束了当地人数百年来只能靠溜索在幽深的怒江峡谷上空通行的历史，助力 38.68 万人成功脱贫，与全国人民一道迈入全面小康。

坚持绿色智慧转型，当好交通运输方式转变的先行者

新时代以来，中交集团深刻把握社会主要矛盾的变化，顺应交通出行从"有没有"向"好不好"的历史性趋势，致力推动交通智慧化、生态化、一体化转型升级，不断提升人民群众出行的幸福感和满意度。

深耕智慧化转型。推动交通建设智慧化，作为首个入选开放 BIM 国际组织建筑智慧国际联盟的中国企业，推广交通工程基础设施数字化建模，以数字化手段促进设计更加精益、施工更加优质。推动交通产业智慧化，

贵州德江（合兴）至余庆高速公路

率先探索智慧运输、无车承运等新兴业态，建成了全国首条智慧高速公路杭绍甬高速公路、全国首条智慧隧道太湖隧道等一批智慧高速公路、全自动码头、智能港航、智慧轨交示范项目。推动监管智慧化，自主研发了国内首个运用交通行业高分数据中心——"高分遥感交通一张图"平台，集成全国高分路网、检测养护、防灾减灾、实时交通等信息，实现"所管即所见"，助力交通数字治理。

深耕生态化转型。紧紧围绕碳达峰碳中和目标，创新绿色技术，完成节能环保技改项目1000余项，总结出91项节能技术，其中11项技术入选国家重点节能低碳技术推广目录、14项技术入选交通运输部重点节能低碳技术推广目录。打造低碳项目，率先开展绿色示范项目推广工作，连续10

年推出 143 项绿色示范项目,延崇高速入选"全国第一批绿色公路建设典型示范工程",花久高速公路成为首条进入西北地区的绿色循环低碳公路。倡导环保理念,全面推广绿色施工标准化管理,确保环保理念贯穿到交通基础设施规划、设计、建设、运营和养护全过程,筑牢绿色发展屏障。

深耕一体化转型。推动业务聚合,发挥规划、咨询、投融资、建设运营全产业链一体化服务能力和优势,实现了公、铁、港、航、桥、隧、机场、城市等交通基础设施业态全覆盖。推动业态耦合,主动顺应"公转水"、"公转铁"、多式联运发展趋势,持续推进各种运输方式综合化转型,优化交通空间布局。推动产业融合,倾力打造集"吃、住、行、游、购、娱"于一体的综合特色交旅融合项目——"路游憩"品牌,开创"高速公路+科技+旅游+商贸+物流+咨询管理+培训"多种产业创新融合的商业模式,有效提升了高速公路出行服务的供给质量。

深中通道西人工岛

振华重工长兴基地

坚持共商共建共享，当好推动中国交通"走出去"的排头兵

新时代以来，中交集团坚持把基础设施"硬联通"作为重要方向，把规则标准"软联通"作为重要支撑，把同共建国家人民"心联通"作为重要基础，坚定不移推动中国交通"走出去"，扩大全球合作、实现发展共赢，已经成为构建人类命运共同体的参与者、贡献者。

瞄准"硬联通"，推动中国技术"走出去"。在全球 157 个国家和地区实施了一大批惠及所在国、促进互联互通的"致富路""连心桥""发展港""幸福城"。马东铁路是"一带一路"旗舰工程，填补了马来半岛东西岸没有铁路贯通的空白。中马友谊大桥，是横跨印度洋的第一座跨海大桥，被马尔代夫总统誉为"国家未来发展的基石"。巴基斯坦瓜达尔港，由原先一个人烟稀少的小渔村演变成现代化的大型港口。缅甸仰光新城，正在成为缅甸的经济门户和发展引擎。充分彰显了中国质量、中国管理、中国贡献。

海口新海滚装码头客运综合枢纽项目

　　瞄准"软联通",推动中国标准"走出去"。充分发挥自身优势和行业影响力,更加积极参与制定国际交通运输领域技术标准和行业规范,大力推动中国标准"走出去",牵头编制发布了《挖泥船·术语》等5项国际标准,以实际行动提升我国在全球交通治理体系中的话语权和影响力。蒙内铁路全部采用中国标准、中国技术、中国装备建造。通过集群式、链条式合作推动行业走出去的转型升级,带动了一大批中国企业、中国产品和中国服务"走出去",有力推动了中国企业在全球产业链和价值链分工中不断向中高端迈进。

　　瞄准"心联通",推动中国理念"走出去"。在产能输出、技术输出、管理输出等硬件"走出去"的同时,秉持"交融天下、建者无疆"企业精神,积极传播丝路精神,主动融入所在国经济社会发展,以项目为依托,增加就业、培养人才、减贫环保,形成具有中交特色的"笑脸模式",持续深化打造人文交流和民心相通的典范。科伦坡港口城可以为当地创造超过8.3万个就业机会,建成后可供约27万人居住生活,被当地人誉为"未来之城"，生动展示了人类命运共同体的美好愿景。

新时代新征程，中交集团将更加紧密地团结在以习近平同志为核心的党中央周围，坚持以习近平新时代中国特色社会主义思想为指导，认真学习贯彻党的二十大精神，切实将思想和行动统一到党中央决策部署上来，坚定建设交通强国的历史自信、增强建设交通强国的历史主动、赓续建设交通强国的历史使命，自信自强、守正创新，踔厉奋发、勇毅前行，奋力为党和人民浇筑出更多优质工程、绿色工程、精品工程，为全面建成社会主义现代化强国作出新的更大贡献。

第三章 | 践行"三个转变"
创建世界一流品牌

中核集团：
提升品质品位品相　打造世界一流核工业品牌

中核集团田湾核电

>>>>>>>> **企业简介**

中国核工业集团有限公司（简称中核集团）是中国核科技工业的主体，是全球少数几家拥有完整核工业产业链的集团。中核集团是中国核能发展的主力军，是国家基石的"中华之核"，以核之能量撑起了中华民族的脊梁。从1955年1月15日中国核工业创建之日起，一代代核工业人无问西东、以身许国，创造了"中国第一颗原子弹爆炸成功""中国第一颗氢弹爆炸成功""中国第一艘核潜艇成功下水"的惊世伟业，让中国昂首世界东方。进入新时代，中核集团核电技术进入全球第一方阵，持续推动先进核能技术突破和多元化应用。自主研发了三代核电品牌"华龙一号"、多用途模块式小型反应堆"玲龙一号"、泳池式低温供热堆、中国实验快堆、新一代人造太阳"中国环流三号"等重大科技成果，建成四代核电全球首座高温气冷堆核电站，领航中国核能发展光明前景。

中核集团三代核电品牌"华龙一号"福清核电站

　　品牌是实现高质量发展的重要载体，是企业核心竞争力的重要体现。习近平总书记提出的"三个转变"为推动我国产业结构转型升级、打造世界一流品牌指明了方向，具有重大而深远的意义。

　　中核集团始终致力于打造自主创新的中国品牌和世界一流核工业品牌，制定"十四五"品牌建设专项规划、品牌引领行动三年规划等指导性文件，把推动品牌建设与打造核领域原创技术策源地、核工业现代产业链链长建设紧密结合起来，以更经济更有效更可靠的方式集聚创新资源、主导产业形态、强化安全支撑，加快推动建设具有全球竞争力的世界一流品牌的步伐。

品质——筑牢中核品牌"压舱石"

　　2017 年 6 月，在阿斯塔纳世博会，习近平总书记对哈萨克斯坦总统介绍时说："华龙一号是中国完全自主知识产权的三代核电技术。"只需 30 吨核燃料，一座百万千瓦级的核电机组通过核裂变方式释放的巨大能量，可以满足中等发达国家 100 万人一年生产生活用电。

中核集团以科技自立自强助推高质量发展。在 30 余年核电科研、设计、制造、建设和运行经验基础上,中核集团研发设计具有自主知识产权的三代核电技术品牌"华龙一号"。中核集团"华龙一号"国内外首批 4 台机组已经全部建成投运,批量化建设稳步推进,出口巴基斯坦的第 3 台"华龙一号"机组破土动工。此外,四代核电高温气冷堆投入商运,我国快堆已经形成了完备的科研技术体系,新一代人造太阳等重大科技成果不断涌现,"热堆—快堆—聚变堆"核能"三步走"发展战略深入实施。中核集团以近乎苛刻的质量标准保障高水平安全,质量是品牌的生命,安全是核工业的生命。

核工业是高科技战略产业,是大国必争之地。中国的核能利用,从跟跑、并跑到领跑,从引进、研发再到出海,是成千上万的中国核工业人倾尽自己的青春和热血让这片全新的领域从筚路蓝缕到星光璀璨,在核电"万国牌"夹缝中打造出了一张崭新的中国名片。

始终坚持"安全是核工业的生命线",全面启动核安全文化提升三年行动,健全应急响应机制,培育安全文化理念,将安全纳入品牌核心价值体系。"华龙一号"创新采用"能动加非能动"安全设计理念,并在保证安全可靠的基础上显著提升了经济性,满足国际三代核电标准。

"无论你花多少钱,都不可能买来真正核心的技术。"中核集团首席专家、"华龙一号"总设计师邢继面对自主创新之路的波折重重,始终未曾放弃。从引进国外核电技术到掌握核心技术"走出去",邢继心中这颗自主创新的种子,也从生根发芽到开花结果,他和团队创造性提出"177 堆芯""双层安全壳""能动与非能动相结合的安全设计理念"等技术方案,构建了"华龙一号"核心竞争力,擦亮了这张闪耀世界的国家名片。

始终坚持"质量创造价值、质量成就品牌"的质量理念,夯实品牌建设的基础。按照国际标准构建质量控制体系,以最高标准和最严制度,持续开展质量提升行动,进行实时质量监控和普遍质量教育。

"那道焊缝和我的名字和我的命运紧紧地绑在那儿了,是永久的。如

中核集团全国劳模、大国工匠、核级焊工未晓朋在进行焊接任务

果我干不好那就是我的耻辱。"这是全国劳模、大国工匠、核级焊工未晓朋的工匠箴言。为了保证质量，中核集团的焊工在完成焊接任务时，都需要在其焊接的设备上打上自己的工号，确保可追溯。50℃的高温，90厘米的主管道，蜷成70厘米的身体，焊花火屑迎头的"淋浴"，弧光照射通红的双眼，伤痕斑驳的双臂，固定的姿势保持数十个小时，持续保证焊接合格率100%……正是这一个又一个平凡的核工业人，秉持着对安全的坚持，以核级标准和核级质量，筑牢了中核集团重责任、可信赖的品牌根基。

2023年中央经济工作会议强调，必须坚持高质量发展和高水平安全良性互动。正是对卓越质量的执着追求，中核集团才有了华龙一号、玲龙一号、燕龙等一批"龙"系列品牌、核技术应用品牌，赢得了国内国外市场的赞誉认可，在全球市场塑造了良好的品牌声誉。中核集团始终把推动品牌建设与打造核领域原创技术策源地、核工业现代产业链链长建设等重要任务紧密结合起来，以更经济更有效更可靠的方式集聚创新资源、主导产业形态、强化安全质量支撑。

品位——提升中核品牌"含金量"

"5、4、3、2、1,起爆!"1964年10月16日,伴随着一声东方巨响,巨大的蘑菇云腾空而起,中国第一颗原子弹爆炸成功,老一辈核工业人为了这一天日夜与戈壁黄沙为伴,克服难以想象的困难,创造了令世界惊叹的奇迹,孕育了"两弹一星"精神、"四个一切"核工业精神,深深地镌刻在了一代又一代核工业人的心中。

中国核工业从无到有、从发展到壮大,每一次技术创新、每一个科技成就无不体现着核工业人无私奉献、勇攀高峰的精神。这种精神基于中国

中核集团四代核电全球首座高温气冷堆核电站

核工业近 70 年的文化积淀和"因党而生、跟党创业、向党而兴"的文化基因，中核集团始终秉持文化传承，不断涵养品牌生命力。

2019 年以来，中核集团组建"两弹一星"精神和新时代核工业精神宣讲团，全国巡讲 100 余场，覆盖线上线下观众超过 500 万人次，被评为中宣部 2021 年度"基层理论宣讲先进集体"。中核集团是中国核科技工业的主体，是国内唯一业务覆盖核科技工业全产业链的企业，作为中国核能发展的国家队、主力军，肩负着以核之能量撑起中华民族脊梁、保障国家战略安全、探索未来能源解决方案的光荣使命。

核工业创建近 70 年来，一代代核工业人勇担重任，在无人区艰苦创业，在市场经济中破浪前行，在关键核心技术攻关中创新创造，始终坚持精神传承、文化赋能，筑牢国家安全、民族复兴重要基石的使命感、责任感已转化为员工自觉行动，成为企业改革发展原动力。传承弘扬"两弹一星"精神和"四个一切"核工业精神，践行"强核报国 创新奉献"的新时代核工业精神，以强核报国之志筑牢中国式现代化战略支撑。

核科技来源于对微观世界的探索与想象，致力于对人类未来命运的创想与超越。原子是元素的最基本单位，由原子核和围绕原子核的电子组成。原子核极小，它的直径在 10^{-15}m—10^{-14}m 之间，体积只占原子体积的几千亿分之一。原子核的能量极大，构成原子核的质子和中子之间存在着巨大的吸引力，当原子核发生裂变或聚变时，会释放出巨大的原子核能。相较于化石能源，核能具有污染小、质量密度高、稳定性强的优势，核能也是未来人类最具希望的能源之一。

中核集团始终把品牌文化建设摆在重要位置，推动品牌建设能力提升，不断培育核心竞争力、影响力，全力打造享誉全球的中国品牌。明确品牌个性，追求更负责任、更加安全、更高科技的品牌发展目标，中核集团是我国核科技工业的主体，承担着国防建设和国民经济建设双重责任，肩负着强核强国的历史使命。

作为全球唯一进入世界 500 强的核工业企业，完整的核工业体系在中核集团不断夯实并持续得到新的发展，使中核集团成为少数几家能为全球用户提供核能全产业链整体解决方案的企业集团之一，并且始终坚持以"国际核科技发展的引领者"为品牌愿景，厚植品牌底蕴。

中核集团是中国核科技工业的主体，是国内唯一业务覆盖核科技工业全产业链的企业，作为中国核能发展的国家队、主力军，肩负着以核之能量撑起中华民族脊梁、保障国家战略安全、探索未来能源解决方案的光荣使命。赓续红色血脉、传承红色基因，新时代核工业人心中那团火正在点燃，为新时代集团品牌建设注入"核动力"。

品相——擦亮中核品牌"金名片"

"只要祖国需要，我愿意贡献一切！"时代楷模彭士禄常说，自己一辈子只做了两件事：一是造核潜艇，二是建核电站。他的一生都在为祖国的核动力事业奋斗。中核集团大力开展典型选树宣传，发布核工业功勋

中核集团新一代人造太阳"中国环流三号"科研人员在真空内解决技术难点

中核集团河南大石崖风电场

榜、评选奋进中核人、宣讲时代楷模彭士禄、开展年陈文化表彰等工作；讲述核工业第一次创业历程的电视剧《激情的岁月》于庆祝新中国成立 70 周年期间在央视一套播出，讲述中国核电自主创新发展历程的《许你万家灯火》电视剧在央视一套黄金频道播出。

中核集团持续加强品牌传播，通过全媒体传播体系建设，加强正面宣传及核能科普，塑造涉核舆论新格局，打造强核强国战略实践者、核工业市场领导者、人类未来能源开拓者的品牌形象，提升品牌美誉度。

中核集团将 1 月 15 日核工业创建的纪念日命名为"中核日"，积极打造"1·15"中核日超级符号，传递品牌主张、提升品牌知名度。中核集团在每年中国品牌日前打造中核文化品牌周，以"核力无限 共创未来"为主题，聚焦中核集团企业文化品牌的核心关键要素，一系列特色主题活动接续展开，让公众近距离感受核科技的神奇。

中核集团不断探寻科技之美、核能之美，与中央广播电视总台联合创作拍摄了我国首部核电题材电视剧《许你万家灯火》。与《流浪地球2》剧组互动的"你们尽管想象，我们负责实现"以及时代楷模彭士禄等相关话题登上各大社交媒体热搜。很多上级部委及地方政府领导、合作伙伴及媒体朋友不止一次感慨，中核品牌形象跟以往大不一样了，除了"高大上"的"国之重器"形象外，越来越有温度、有活力、有趣味了。

中核集团始终坚持为人民美好生活服务，充分发挥核医疗全产业链优势，为全球癌症患者点亮"希望之光"。始终坚持面向人民生命健康，立足科技创新，形成了涵盖核素创新、核药制备、装备生产、临床诊疗等在内的核医疗全产业链供应能力，具备向发展中国家提供一体化经济型的核医疗整体解决方案的能力。充分发挥核医学技术优势，通过帮助建立基础设施、采购放射诊疗设备、培训专业人员等多种项目实施，利用放射性诊疗和治疗等核医学技术助力发展中国家提高癌症诊疗能力，助力实现"2030联合国可持续发展目标"。

在海外，2023年9月，在国际原子能机构第67届大会召开期间，中核集团承办CAEA展台，向世界讲述助力零碳的"中国方案"，分享中国经验和中国观点。中核集团通过"中国知识畅达计划"，逐步走入哈萨克斯坦、俄罗斯、白俄罗斯、亚美尼亚、土耳其等14个"一带一路"国家，为这些国家的学者和读者们架设起一座座了解中国知识与文化、促进双方文化与科研沟通的桥梁。面对直接利益相关方，通过整合社会优势媒介资源，强化品牌传播力度，做好企业品牌沟通与交流，展现良好品牌形象。

凝聚强核志，奋进新征程，推进核强国建设的时代召唤声声嘹亮，打造世界一流核工业集团的使命重任在肩。中核集团将始终胸怀"国之大者"，牢记使命担当，把握战略发展机遇期，矢志践行核能发展路线图，不断夯实品质、品位、品相，以昂扬的步伐走好品牌建设新路径，以奋进姿态迎接未来发展黄金十年，跃上高质量发展新高地！

国家电网：

牢牢把握根本遵循　打造全球卓著品牌

张北柔性直流输电工程

>>>>>>>> **企业简介**

　　国家电网有限公司成立于 2002 年 12 月 29 日，是根据《公司法》设立的中央直接管理的国有独资公司，以投资建设运营电网为核心业务，是关系国家能源安全和国民经济命脉的特大型国有重点骨干企业。

　　公司经营区域覆盖我国 26 个省（自治区、直辖市），供电范围占国土面积的 88%，供电人口超过 11 亿。近 20 多年来，国家电网持续保持全球特大型电网最长安全纪录，建成 35 项特高压输电工程，成为世界上输电能力最强、新能源并网规模最大的电网，公司专利拥有量持续排名央企第一。公司位列 2023 年《财富》世界 500 强第 3 位，连续 19 年获国务院国资委业绩考核 A 级，连续 11 年获标准普尔、穆迪、惠誉三大国际评级机构国家主权级信用评级，连续 8 年获中国 500 最具价值品牌第一名，连续 6 年位居全球公用事业品牌 50 强榜首，是全球最大的公用事业企业，也是具有行业引领力和国际影响力的创新型企业。

　　党的十八大以来，习近平总书记对品牌建设作出一系列重要指示批示，强调要"加快建设一批产品卓越、品牌卓著、创新领先、治理现代的世界一流企业"，为中央企业品牌建设工作指明了前进方向，提供了根本遵循。

　　国家电网有限公司党组牢记嘱托、感恩奋进，坚决贯彻习近平总书记重要讲话和重要指示批示精神，落实国务院国资委党委要求，深入实施品牌强企战略，大力推进品牌引领行动，丰富品牌理念，创新品牌传播，优化品牌创建路径，加快品牌国际化进程，着力打造品质典范、创新典范、治理典范、文化典范、责任典范"五个典范"和管理领先、声誉领先、价值领先"三个领先"的全球卓著品牌。公司连续 6 年位居全球公用事业品牌第一位，连续 11 年获国际三大评级机构国家主权级信用评级，连续 8 年位列中国 500 最具价值品牌榜首。

国家电网为第 19 届亚运会提供安全稳定电力保障

以产品卓越夯品牌之基，全面提升核心竞争力

产品是企业的立身之本，也是品牌的根基所在。公司始终坚持以卓越产品塑造一流品牌，保证电力供应、保障能源安全、促进绿色转型。

国家电网统筹发展和安全、保供和转型，发挥全网"一盘棋"优势，坚决打赢迎峰度夏、抗洪抢险、迎峰度冬、抗击寒潮、抗震救灾等一系列攻坚战，不断推动电网高质量发展，累计建成 35 项特高压工程，国家电网成为全球最强大、安全可靠、清洁低碳、经济高效、技术先进的电网。同时，构建新型电力系统，建设新型能源体系，发展新质生产力，打造数智化坚强电网。发布实施国内企业首个"双碳"行动方案和构建新型电力系统行动方案，携手 60 余家骨干企业、知名高校及社会团体，成立新型电力系统技术创新联盟，推进联合攻关、标准制定、经验交流和成果共享。创办《新型电力系统》科技期刊，出版《新型电力系统与新型能源体系》研究著作。

国家电网服务乡村振兴

与此同时，国家电网用心用情提供优质服务。提供偏远农村与城市均等化服务，实现发达地区与落后地区优质服务全覆盖。持续优化电力营商环境，推广"三零""三省"服务。推动我国在世界银行"获得电力"指标排名从全球第 98 位跃升至第 12 位。

以创新领先塑品牌之源，全面提升价值创造力

创新是企业发展的第一动力，也是品牌的活力源泉。国家电网深入实施创新驱动发展战略，加快实现高水平科技自立自强，为科技强国建设贡献国网力量。

国家电网全力打造原创技术策源地，连续攻克特高压输电、柔性直流

国家电网仿真中心

输电、大电网安全、新能源并网消纳等关键核心技术,公司拥有专利 11.7 万项,累计获得国家科学技术奖 91 项。建成"国家级、公司级、各单位级"三级实验室体系,建成世界最先进的大电网仿真中心,"十三五"以来累计牵头承担国家重点研发计划项目 72 项。

作为科技创新国家队,国家电网勇当现代产业链链长,努力当好国民经济的稳定器、压舱石。在提升产业链韧性上聚焦重点领域,发挥"电 e 金服"数字化产业链金融服务平台作用,加快建设绿色现代数智供应链,带动电工装备全面升级和上下游企业共同发展,在现代产业体系构建中更好发挥支撑引领作用。

在稳链补链强链的同时,国家电网更不忘创造企业活力。近些年,接连推行"揭榜挂帅"、项目总师、容错纠错三项科技攻关机制,以及"赛马制""预算成本制",并建立学术聘任、津补贴、创新科研支持三项人才激励制度,创新建立中国电科院院士和国家电网首席专家制,目前国家电网拥有国家"两院"院士 7 人、国家级专家人才 400 余人。

以治理现代铸品牌之魂,全面提升全球影响力

企业治理体系和治理能力现代化是世界一流企业的重要保障,也是品牌的内在灵魂。国家电网全面落实"两个一以贯之",坚定不移走中国式现代化电力发展之路。

近年来,国家电网通过搭建以公司章程为基础的"1+N"治理制度体系,推动加强党的领导与完善公司治理有机统一,形成更加成熟更加定型的中国特色现代企业制度。同时用好改革"关键一招",深入实施国企改革三年行动,围绕提升企业核心竞争力、增强核心功能,扎实推进国有企业改革深化提升行动,深入推进三项制度、放管服改革,持续优化"战略+"集团管控体系,公司治理水平更先进、结构布局更优化、经营机制更灵活。

巴西美丽山 ±800 千伏特高压直流输电二期工程里约换流站

　　国家电网积极助力"一带一路"，为全球治理贡献中国企业力量。习近平主席见证签约的巴西美丽山 ±800 千伏特高压直流输电项目、埃及 EETC500 千伏国家主干网升级改造输电工程、巴基斯坦默蒂亚里—拉合尔 ±600 千伏直流输电工程成为电网联通、民心相通、文化融通的典范，国家电网与南非电力公司签署的合作文件纳入习近平主席对南非国事访问成果清单。在"一带一路"建设中，国家电网始终坚持共商共建共享，通过投资、建设、运营一体化，带动技术、标准、装备一体化"走出去"，在全球 45 个国家开展国际业务，投资和参与运营 10 个国家和地区的 13 个国家级骨干能源网项目全部盈利。

以特色文化固品牌之本，全面提升企业凝聚力

　　文化是企业价值观的集中体现，也是品牌的本质内涵。公司围绕举旗帜、聚民心、育新人、兴文化、展形象，着力统一思想、凝聚力量、鼓舞斗志，引导广大职工以奋进姿态建功新时代。

　　国家电网深入实施"旗帜领航·三年登高""旗帜领航·提质登高"

行动计划，创新打造"旗帜领航"品牌，塑造强根铸魂"红色名片"。坚持以党内政治文化引领企业文化建设，推进"文化铸魂、文化赋能、文化融入"专项行动，开展"红色基因、电力传承"特色主题实践。大力弘扬"忠诚担当、求实创新、追求卓越、奉献光明"的电力精神和电网铁军精神，创作发布国家电网司歌司徽，企业向心力、凝聚力、感召力不断增强。

精神文明建设也成为国家电网文化固本的应有之义。国家电网积极践行社会主义核心价值观，统筹推进文明培育、文明实践、文明创建，累计创建全国文明单位488家，建成新时代文明实践基地（站、所、点）371个，打造"光明驿站"等文明实践品牌。深化"岗位学雷锋""青春光明行"等志愿服务，公司系统获全国志愿服务表彰22项。与此同时，聚焦电网供电服务和生产建设主战场、科技攻关最前沿、为民服务第一线，国家电网大力选树宣传先进典型，形成"时代楷模""北有张黎明，南有钱海军"生动局面，发挥大国工匠、全国道德模范和全国劳模示范引领作

张黎明带领国家电网天津电力心连心（滨海黎明）共产党员服务队服务新能源车用户

用，激励引导广大干部职工见贤思齐、比学赶超。

以责任典范聚品牌之力，全面提升精神感召力

坚定履行政治、经济、社会"三大责任"是国有企业的重要职责，也是品牌的公信力。国家电网扛牢"三大责任"、聚焦"两个途径"、发挥"三个作用"，充分彰显了"大国重器""顶梁柱"形象。

国家电网积极探索具有国资央企特色、能源行业特色的新责任观，创新构建了以"为中国式现代化赋动能作贡献"为责任统领，以"政治责任、经济责任、社会责任"为责任支柱，以 20 项重点责任、3 项首要责任为责任内容，以统筹推进为根本方法的"三大责任"体系。与此相适应，推进全面社会责任管理，将社会责任管理融入生产运营全过程，8 年累计实施社会责任根植项目 2200 多个，公司 12 家单位获社会责任管理体系国家标准 GB/T 39604 认证。连续 18 年发布社会责任报告，发布央企首份绿色低碳发展报告和落实全球发展倡议贡献报告。三家控股上市公司入选"中国 ESG 上市公司先锋 100"榜单。"候鸟生命线""电力爱心教室""电力爱心超市"等公益品牌项目赢得广泛赞誉。

国家电网聚焦管理科学、贡献突出、价值领先、全球知名品牌等四个方面，深入实施品牌引领行动。打造品牌标识，北京冬奥会、杭州亚运会、成都大运会 100% 绿色供电和"张北的风点亮北京的灯"成为国际传播高频词。彰显品牌价值，国网巴控公司荣获联合国全球契约组织"社会责任管理最佳实践奖"；巴西美丽山二期环保履责等项目入选联合国"第二届全球减贫案例征集活动"最佳减贫案例。树立品牌形象，累计开展巴西马累交响乐团、苦咸水淡化、"菲律宾光明乡村"等 450 多项公益活动，覆盖 220 多个城市，超 11 万人受益，树立了中国企业良好形象。强化品牌传播，"无人机照亮麦子保卫战"融媒体作品形成现象级传播，硬核科技空降铁塔抢险救灾融媒体作品成为标志性品牌事件，央视公益广告"科

国网巴控公司资助的巴西马累明日之潮交响乐团

学使用空调 26 度刚刚好"、央视公益短片"保障用电安全 有你"形成鲜明公众记忆。

　　品牌彰显价值，品牌引领发展。国家电网公司将深入推进品牌引领行动，努力铸就金字招牌，打造全球卓著品牌，不断提高企业品牌附加值和品牌引领力，加快建设世界一流企业，奋力谱写国家电网高质量发展新篇章，为强国建设、民族复兴作出新的更大贡献。

国家电网品牌价值提升创新实践案例

　　国家电网公司全面落实党中央、国务院关于加强品牌建设部署要求，聚焦"一体四翼"发展布局，大力开展品牌引领专项行动，选取浙江、天津、福建等多个省（市、区）公司作为品牌价值提升试点，通过"三步走"创新"141"电网企业品牌价值提升路径，推动形成品牌竞争新优势，为建设具有中国特色国际领先的能源互联网企业积极贡献力量。

提出一条电网企业品牌价值提升主线：国家电网公司指导基层单位研究电网企业和子品牌建设特点和实践，提炼形成品牌价值提升主线。国网福建电力依托电力"双满意"（让客户满意、让党和政府满意）工程，立足品牌价值转化为品牌资产导向，提出了"价值引领→价值落地→价值转化→价值放大"的电网企业品牌价值提升主线。

探索"四化"电网企业品牌价值提升实践模式：国家电网公司指导基层单位遵循品牌价值提升主线开展属地特色实践，探索品牌建设典型实践模式。国网浙江电力基于全面建设新型电力系统省级示范区和具有中国特色国际领先的能源互联网企业示范窗口的典型实践，打造品牌价值提升模型。聚焦全业务流程融入，推动品牌融合一体化；聚焦全要素协同强化、

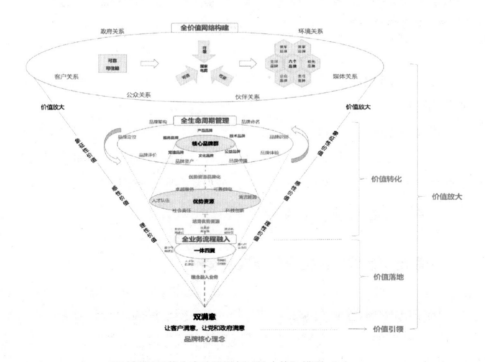

国家电网品牌生态价值增长"放大镜"模型

推动品牌架构生态化；聚焦全面品牌管理升级、推动品牌管理专业化；聚集相关方共创共享、推动品牌传播精准化的"四化"实践模式。

搭建一套电网企业品牌价值评估体系：国家电网公司指导基层单位搭建科学量化的电网企业品牌价值评估体系。国网天津电力从品牌内部管理和外部生态两大维度，建立涵盖品牌资产管理、品牌传播管理、品牌组织管理、品牌政治信任、品牌社会生态等7项一级指标和35项二级指标的品牌价值提升评估体系，重点评估品牌自身状态、对利益相关方的直接和间接影响等四方面内容，并将最终结果划分为A至5A五个等级。

国家电网公司基于省级电网企业的品牌建设试点，提炼形成的"141"电网企业品牌价值提升路径，实现了对内统一员工思想和行为，激发干事创业的战斗力和创造性，积聚起公司高质量发展的动能；对外向各利益相关方传递国家电网使命和价值，展现央企的责任与担当，营造多方共商、共建、共享、共赢的融合发展环境。为国家电网品牌价值领先目标的实现贡献切实可行高效的解决方案，更为中央企业优化品牌建设路径提供可参照、可借鉴的经验做法。

三峡集团:
强化品牌引领　积极构建大国重器形象

白鹤滩水电站下游

>>>>>>>> **企业简介**

　　1993 年 9 月 27 日，为建设三峡工程，经国务院批准，中国长江三峡工程开发总公司正式成立。2009 年 9 月 27 日，更名为中国长江三峡集团公司。2017 年 12 月 28 日，完成公司制改制，由全民所有制企业变更为国有独资公司，名称变更为中国长江三峡集团有限公司（简称三峡集团）。在党中央、国务院的坚强领导下，三峡集团历经 30 年持续快速高质量发展，现已成为全球最大的水电开发运营企业和中国领先的清洁能源集团，成为国务院国资委确定的首批创建世界一流示范企业之一。

　　三峡集团正立足新发展阶段，完整、准确、全面贯彻新发展理念，构建新发展格局，推动高质量发展，奋力实施清洁能源和长江生态环保"两翼齐飞"，"十四五"时期将基本建成世界一流清洁能源集团和国内领先的生态环保企业，努力为实现碳达峰、碳中和目标，促进经济社会发展全面绿色转型作出更大贡献。

三峡集团通过媒体、舆论和形象三个维度的品牌建构，白鹤滩水电站及"世界最大清洁能源走廊"的品牌形象得以牢固树立、广泛传播、深入人心，成为开展重大工程品牌建设的积极探索和实践，也为今后继续提升企业品牌建设、创建世界一流示范企业提供了有益参考。

重大工程是人类文明的重要标志，代表时代科技进步水平，反映经济社会发展程度。习近平总书记指出："工程科技与人类生存息息相关。""万里长城、都江堰、京杭大运河等重大工程，都是当时人类文明形成的关键因素和重要标志，都对人类文明发展产生了重大影响，都对世界历史演进具有深远意义。"

当前国家重大工程品牌建设仍存在顶层设计、系统性谋划不足，品牌建设抓手不牢、手段不多等诸多挑战。

三峡集团围绕"大国重器"白鹤滩水电站的品牌建设，从三个方面入手为国家重大工程品牌打造赋能助力，塑造鲜明、立体的三峡集团"大国重企"品牌形象。

提炼品牌价值，构建话语体系

围绕品牌定位提炼品牌核心价值，并统领传播活动，是成功塑造品牌的基础。三峡集团从科技引领、绿色发展、能源安全、造福人民等方面持续提炼品牌价值、构建话语体系，打造精品工程品牌，塑造世界一流企业形象。

以建设世界一流精品工程为核心，突出科技引领，提炼白鹤滩水电站创新驱动的品牌价值。

三峡集团将品牌建设融入工程建设全过程，携手国内水电建设和装备制造企业，坚持创新驱动，攻克了一系列世界级技术难题，创造了百万千瓦水轮发电机组单机容量、300 米级高拱坝抗震设防指标、地下洞室群规模等六项世界第一，推动我国水电全产业链、价值链和供应链水平显著提

白鹤滩水电站

升，为实现中国式现代化提供科技支撑。以国家重大工程拉动全产业链质量升级，形成领先全球的中国标准，增强中国在国际水电界的话语权。主流媒体围绕白鹤滩水电科技创新开展持续深入的重大宣传，深度发掘工程品牌价值、塑造一流品牌形象。

以建设人与自然和谐水电工程为根本，突出绿色工程，提炼白鹤滩水电站可持续的品牌价值。

三峡集团把白鹤滩水电站工程建设作为中国式现代化建设的缩影，围绕绿色发展主线，铸造新时代大国工匠精神，持续提炼白鹤滩水电站的"绿色"品牌价值。

"两山"理念融入工程建设、生态保护和环境修复的规划、建设和运行。大力创新环境管理模式，实施黑水河栖息地生态修复、集运鱼系统、分层取水设施、植物园等生态环境保护工程，全力筑牢长江上游重要生态屏障，为大型水电站开发建设施工期生态环境保护与管理提供了样本。

以保障国家能源安全为重要基础，突出能源"压舱石"作用，提炼白鹤滩水电站可信赖的品牌价值。

按照装机规模排名，全球建成的前十二大水电站中，中国有五座榜上有名，五座电站共安装 86 台 70 万千瓦及以上的巨型水轮发电机组，全球（已经、在建的）127 台 70 万千瓦及以上水电机组中，有 86 台在三峡集团。

三峡集团以白鹤滩水电站为品牌故事主线，把在长江干流建设运营的 6 座巨型梯级水电站串联起来，向全世界讲述最大清洁能源走廊的品牌故事，讲述实现流域梯级电站综合效益最大化的故事，讲述为长江经济带高质量发展提供坚实基础保障的故事，大大提升了品牌价值和企业形象。

以重大水电工程增进民生福祉为落脚点，凸显造福人民的核心宗旨，提炼白鹤滩水电站负责任的品牌价值。

党的十八大以来开工建设的乌东德、白鹤滩水电站，是实施"西电东送"的国家重大工程。两座巨型电站应运而生，正赶上我国决胜脱贫攻坚和全面建成小康社会的历史时期，助推脱贫攻坚和乡村振兴，也提振了移民搬迁群众的信心。通过移民投资、缴纳税费、共享发电收益、设立库区维护基金、设立金沙江水电基金、留存电量、助力脱贫攻坚等方式，扎实推进定点帮扶，接续助力乡村振兴，有力支持川滇两省经济社会发展，形成了一批社会知名公益品牌，进一步提升中央企业的责任形象。

加强战略传播，强化品牌形象

构建媒体朋友圈，加强品牌传播力。媒体就是影响力，宣传就是生产力。构建媒体朋友圈，加强白鹤滩水电站工程品牌传播力，必须紧紧依靠新闻媒体的大力支持。

作为新闻"富矿"，从单一电站到世界最大清洁能源走廊策划报道，白鹤滩水电站始终处于"高光时刻"。从 2021 年 5 月 29、30、31 日白鹤滩水电站大坝全线浇筑到顶连续三天的直播，到 2022 年 12 月 19、20 日白鹤滩水电站全部机组投产发电滚动报道，16 台机组投产消息"台台秀"。不断探索新技术、新形式，抓住"机组投产过半""机组全部安装完成""白鹤滩水电站发电超 100 亿、200 亿、300 亿""长江干流六座电站累计发电三万亿"等重要节点，以单个新闻动态为由头拓展成一组重点选题，从白鹤滩到清洁能源走廊再到可再生能源支撑中国式现代化等。坚持移动优先、可视化优先、主流媒体优先的原则，立足自办媒体平台做好产品生产和传播，在学习强国等新媒体平台做好二次传播，协调人民日报、新华社、总台央视等 60 多家媒体进行全方位、多层次、立体化报道，多次形成"爆款"，白鹤滩水电站成为"顶流工程"。

壮大舆论生态圈，提升品牌影响力。在白鹤滩水电站工程核准之际，邀请 10 位院士和多位经济学家对白鹤滩水电站工程的地位作用、百万千瓦水轮发电机组、复杂地质地灾、生态环境等进行科普宣传解读，并与中国科学院权威科普读物《科学世界》合作出版了"白鹤滩特辑"。同时，配合央视品牌栏目《开讲啦》《面对面》等采访专题录制，通过建设者形象解读白鹤滩工程的重要地位、科技创新和深远意义。

利用冬奥会官方发电合作伙伴权益，突出"清洁能源、赋能冬奥"理念，将白鹤滩水电站巨大的减排效益与北京冬奥会场馆 100% 绿电供应两个议题紧密结合，重点推出"世界最大清洁能源走廊"话题，发挥品牌移植的效能，强化了白鹤滩作为清洁能源"国之重器"的品牌形象。推出包括白鹤滩水电站形象在内的"全球最大清洁能源走廊"冬奥纪念邮票、系列徽章，在冬奥签约仪式、火种展示、冬奥主题形象片等应用和推广。

党的二十大召开前夕，三峡集团与中央广播电视总台联合摄制的大型纪录片《鹤舞长江》在央视纪录片频道播出，微博相关内容覆盖人群超 4.5 亿，相关话题得到官方媒体转发数量超 100 家。《鹤舞长江》以六集总共 300 分钟的体量，全景展现当今世界在建规模最大、技术难度最高的白鹤滩水电站工程，并勾勒出未来中国水、光、风绿色能源发展的光明前景，全景展现国之大器白鹤滩水电站工程诞生以及背后体现中国科技的创新历程、

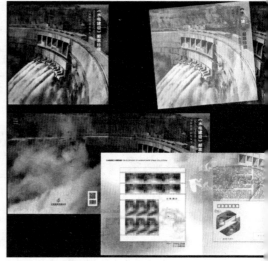

中国邮政联合发行以"水电建设"为主题的邮票

中国现代化的江河治理能力，全景展现中国绿色能源支撑高质量发展。

注重拓展国际新视野，推动品牌延伸力。立足 ESG 和可持续发展主流价值观和国际话语体系，与 CGTN 共同挖掘白鹤滩 80 后建设者、鸟类保护、白鹤滩"黑科技"等议题，制作新媒体产品，通过英文网站、社交媒体账号发布。人民日报国际部刊发白鹤滩首批机组投产发电的文章，被坦桑尼亚《卫报》全文转载。印度亚洲通讯社（IANS）等 17 家印媒援引报道称，"这一超级工程的突破，是中国水电发展的一个新里程碑，体现了中国特色社会主义制度在中国共产党领导下，集中力量建设重大工程的优势。"CGTN 日语频道在日本最大新闻门户网站"雅虎日本"视频报道《白鹤滩水电站累计发电超 10 亿》登上首页。

注重文化建构，加强品牌管理

加强舆情研判及引导。三峡集团借助广泛的"舆论生态圈"，深度挖掘白鹤滩水电站的行业与公共传播价值，通过共同设置议题、制造话题，引导社会和行业舆论，构筑良好的舆论生态环境，增进社会公众的品牌认同度。

邀请业界 10 位重量级院士专家深度解读白鹤滩，在社会上形成强大的舆论热点。著名经济学家樊纲在接受《瞭望》采访时表示："白鹤滩水电站是一项符合国家基本利益和发展目标的战略安排。以三峡集团为代表的中国水电力量，可以组成中国'走出去'战略的名片。"外交部新闻发言人汪文斌在 Facebook 上发布推文，转引新华社短视频、介绍白鹤滩水电站的同时，描述了白鹤滩双曲拱坝的"白鹤"意象，充满诗意，富有感染力。

推动从媒体建构到文化建构。三峡集团立足自办媒体平台做好产品生产和传播，协同中央主流媒体和行业媒体、地方媒体及各二次平台开展大众传播，形成了由内向外层层放大、立体全面叠加融合的传播效应。制定了"外部优先"的原则，及时为主流媒体提供真实客观、导向明确、观点鲜明的信息内容，让主流媒体担当"领头雁"，拓展宣传的广度、密度、深度，让宣传内容和传播效果进一步延伸放大，提升品牌传播力、公信力和影响力。

开展品牌联想，加强品牌建设。通过持续不断讲述"三峡故事"、与央视联合制作《鹤舞长江》主题纪录片及文创产品，与中国邮政联合策划"水电建设"特种邮票，并在白鹤滩水电站举办发行仪式。逐步让大众将"大国重器"白鹤滩工程与清洁能源、生态环保、科技创新、社会责任等关键词紧密联系在一起。同时，将"白鹤滩全面投产发电"延伸到"世界最大清洁能源走廊"等形成系列报道，进一步拓展三峡品牌的内涵与外延，助力营造良好的企业品牌形象。

白鹤滩水电站的品牌构建与传播取得了良好成效。一是结合工程宣传央企发展理念，构建绿色可持续发展企业品牌形象；二是通过大国重器提升央企品牌认知，彰显大国重器责任企业形象；三是尝试"企业品牌—行业品牌—国家品牌"品牌建设实践，探索企业品牌国际化之道。

中国移动：
锚定科技创新　建设世界一流信息服务品牌

中国移动总部 A 座大楼

>>>>>>>>> **企业简介**

　　中国移动通信集团有限公司（简称中国移动）是按照国家电信体制改革的总体部署，于 2000 年组建成立的中央企业，在 31 个省（自治区、直辖市）以及香港特别行政区提供通信和信息服务，主要业务涵盖个人、家庭、政企和新兴市场的语音、数据、宽带、专线、IDC、云计算、物联网等。

　　中国移动以做"科技强国、网络强国、数字中国主力军"为目标，锚定"创建世界一流信息服务科技创新公司"发展定位，持之以恒争创一流经营业绩，拓宽拓广信息服务发展空间，自立自强锻造科技创新引擎，系统打造以 5G、算力网络、能力中台为重点的新型信息基础设施，创新构建"连接＋算力＋能力"新型信息服务体系，以高质量信息服务供给，满足、引领、创造生产、生活、治理全场景的数智化需求，推动新一代信息技术深度融入经济社会民生，为社会发展和文明进步贡献更大力量。

　　中国移动是中国内地最大的通信和信息服务供应商，亦是全球网络规模第一、客户规模第一、收入规模第一，创新能力领先、品牌价值领先、公司市值领先、盈利水平领先的世界级通信和信息运营商。中国移动连续 23 年入选《财富》世界 500 强企业，2023 年位列第 62 位，是全球排名第一的电信运营商；连续 19 年获国务院国资委中央企业负责人经营业绩考核 A 级，被评为科技创新突出贡献企业、国有企业公司治理示范企业；"中国移动"品牌连续 18 年入选"BRANDZ 全球最具价值品牌 100 强"，在"BRAND FINANCE 全球最有价值电信品牌"中位列第 4 名。

　　新时代下，科技革命和产业变革正在深入发展，品牌发展理念和实践也正面临深刻变革。全球来自不同领域的众多品牌，都在与更广阔的科技产业构建联系。一方面，各品牌开始注重通过科技创新赋能产业升级，强化供给能力。另一方面，他们持续通过科技创新丰富产品形态，强化供给品质。在科技飞速发展的当下，如何让更多人享受到数字红利，让科技有温度，成为科技型企业品牌建设的重要课题。

　　中国移动高度重视品牌的培育与发展。2000 年公司成立初期，中国移动推出的第一支品牌形象广告片——《沟通从心开始》，赋予了移动通信技术更深层次"情感交流"的意义，成功树立了中国移动有温度、可信赖的品牌形象。伴随着我国移动通信产业从"1G 空白、2G 跟随、3G 突破、4G 同步、5G 引领"的跨越式发展，二十余年来，中国移动坚持应用新一代信息技术赋能人民美好生活需要，锻造数智新服务、激发科创新动能、加强科创新应用，加快建设世界一流卓著品牌。

锻造数智新服务，筑牢品牌竞争力

　　2020 年 5 月，珠峰高程测量登山队成功登顶，登山队登顶测量的高清视频画面，通过中国移动 5G 网络实现了全世界实时共享。这一年，全球海拔最高的 5G 基站——位于珠穆朗玛峰海拔 6500 米前进营地的 5G 基站投入使用。2021 年 9 月，中国移动刷新国内矿井 5G 网络覆盖深度纪录，完成地下 919 米 5G 网络覆盖，实现了视频通话、视频直播、掘进机远程控制等功能。

　　如今，数智春风"吹满"全国。在平均海拔超过 3200 米的四川省甘孜州新龙县雄龙西乡腰古村，数字的力量温暖着高原深处的千家万户，数字信号为山村插上信息的"翅膀"。2007 年 2G 开通的时候，村里的老百姓会通过移动手机跟在外务工的儿女进行通话；到了 2016 年升级到 4G 后，大家拿着手机就可以在家里上网、刷视频、云通话。2023 年，5G 覆盖到

世界最高 5G 基站

村子后，很多年轻人不用外出务工，通过直播带货便把山村的特产卖到全国各地。村书记说："移动 5G 建到了村、信息服务进了家，现在，乡亲们不出远门就可以发展自己的小生意，孩子们通过网络学到了更多的知识，村民在外挖虫草时，也可以在手机上随时看到家里的情况，可以在电视上看到补贴情况。"

5G 商用三年来，中国移动系统打造新型信息基础设施，建成了全球规模最大的 5G 精品网络，占全球 5G 基站的三分之一，推动 5G "上珠峰""下矿井""入海港""进工厂"，实现"村村通宽带""县县通 5G""市市通千兆";"算力路由"原创技术获得国际共识,构建三级低时延算力服务圈,建设超大规模单体智算中心,推出东数西算、东数西存、东视西渲等应用服务,算力网络加速从概念原型步入产业实践;打造开放共享能力中台,推动"梧桐"大数据赋能经济洞察和民生服务,发布"九天"政务、客服等 AI 行业大模型,助推全社会上云用数赋智。"网络无所不达、算力无所不在、智能无所不及"正在逐步成为现实。

与此同时,中国移动综合运用新型信息服务体系的基础和能力,主动开展前瞻业务布局,持续丰富贴近个人、家庭数智化生活的产品体系和场景应用,探索创新虚拟数智人、云 XR 虚实空间、云旅游、4K/8K 超高清视频直播等场景应用丰富产品体系,全力通过高品质产品推动信息服务融入百业、服务大众,加速全社会生产方式、生活方式、社会治理方式的数智化转型。

面向未来,中国移动将升级咪咕视频、移动云盘、云游戏、超级 SIM 等特色产品,打造"人车家"端到端数智新体验;创新裸眼 3D、数智人、

破风 8676 芯片

中国移动加速推进 5G 精品网络建设

云 XR 等新型产品，创造沉浸式的感官体验；丰富云手机、云高清、旺铺算力主机等终端产品，升级视联网应用，提供多元化的算网体验……不断增强信息服务供给能力，让人民群众在共享信息化发展成果上有更多获得感。

激发科创新动能，增强品牌生命力

2023 年 8 月，中国移动正式发布国内首款可重构 5G 射频收发芯片"破风 8676"。"破风"取名来自自行车竞速赛中的"破风手"，他们冲在最前方，助力身后队友蓄力夺冠；"86"是中国的国际区号，代表芯片由中国自主研发；"76"是中国移动内部研发号。这颗芯片，在 5G 核心技术攻关中，实现从 0 到 1 的关键性突破，填补了 5G 可重构射频收发芯片领域的国内空白。"破风 8676"研究团队说："研发就像是一场在沙漠中举办的马拉松赛。"技术攻关并非一日之功，需要科研投入及业界实践久久为功。

"破风8676" 芯片是中国移动践行高水平科技自立自强的 "破风手"，它所探索出的创新攻关模式、研发经验和人才积累，将为更多的编队作战奠定坚实基础。

党的二十大报告指出，必须坚持科技是第一生产力、人才是第一资源、创新是第一动力。中国移动以国家战略需求为导向，加快实施创新驱动发展战略，聚焦科技自立自强任务目标，优化科技创新体系，加大研发投入，重视基础研究，强化标准引领，着力推动公司科技创新工作向原创型、引领型升级。近年来，中国移动在技术、标准、专利方面不断取得创新突破，打造了全球最大5G+北斗高精定位网，首创提出5G+RTK融合播发技术；在通感一体、子带全双工、无源物联网、X-Layer、空天地一体5个方向率先发布原型样机；开展全球首个运营商NTN天地一体通信试验；发布全球首个系统性6G网络架构，取得新型无线传输、新型网络协议、

中国移动5G精品网络建设

在江苏南通中近海海域风电机组平台上，移动 5G 基站"落户"于此

内生安全等 10 余项 6G 关键技术阶段性突破，6G 高质量论文数量居全球运营商首位；成立全球首个算力网络开源社区；提出元宇宙业界首个"三层七要素"总体架构；国际标准数量稳居全球运营商前列。

中国移动把科技创新作为构建企业核心竞争力、增强核心功能的关键抓手，面向"六大领域"实施"BASIC6"科创计划（B-Big data、A-AI、S-Security、I-Integration Platform、C-Computility network、6-6G），加快培育壮大战略性新兴产业集群。例如，在算力网络方面，研发"算龙头"，提供"一点接入、即时服务、多元异构、按需调度"的算力服务；在人工智能方面，依托国资人工智能大平台，强化开放合作，深度赋能千行百业数智化转型，让 AI 不仅会"作诗"、更要会"做事"；在 6G 方面，布局 6G 新材料、新工艺、新器件等关键环节，推动形成全球统一的 6G 标准体系，引领产业前瞻布局；在大数据方面，丰富"大数据＋"产品体系，充分释放数据价值，推动数据从资源向资产、资本转变。在能力中台方面，推动更多优质能力"引进来"和"走出去",使能力中台成为赋能全社会创新、产业转型升级的重要载体;在网信安全方面,建强网络安全主动防御体系,筑牢产业安全屏障。

加强科创新应用,拓宽品牌影响力

技术进步不是终极目的,科技终究要广泛走入人民群众的生活中。2019 年,中国移动正式焕新升级全球通、动感地带、神州行三大客户品牌,围绕不同客群的需求,结合科技创新 + 品牌内涵,为客户提供丰富的、具有科技感的品牌活动。以动感地带品牌为例,年青一代是数智"原住民",也是未来的代表。中国移动布局元宇宙,推出动感地带数智代言人橙络络,通过动感地带街舞盛典、音乐盛典活动打造"真人与数智人""现实与虚拟"的多场破壁名场面;实践品牌文化跨界创新,推出动感地带芒果卡,为广大年轻客户提供多重文娱资源和全场景定制权益,以专享的艺人视频彩铃、语音来电、元宇宙等 5G 新应用,为年轻客户带来了更智潮的体验,在增强品牌科技附加值的同时,也让广大青年深刻体会到央企品牌的科技能力和创新活力。

2023 年 10 月,随着一幅数字化的岭南写意山水图徐徐展开,中国移动董事长的"数智人"身穿深色西服,穿越"时空之门"来到了中国移动全球合作伙伴大会主论坛现场,以一口流利地道的粤语向现场嘉宾致以诚挚问候,并与董事长同台对话。这是一场奇妙的数实融合互动,生动的视觉效果得益于高精度"数智人"制作技术,流畅的实时对话则依托于算力网络,以及九天大模型提供的智慧大脑支持。

"数智人"作为人工智能与元宇宙的链接点技术,目前已经可以广泛应用于各种各样的场景。从 2022 年北京冬奥会上谷爱凌数智分身 Meet Gu 火热出圈,到米卢、徐梦桃、王濛、刘畊宏的"数智人"共同开启的世界杯"首秀",以及张雨霏、刘洋的数智分身亮相杭州助力科技亚运,中国移

中国移动心级服务

动"数智人"家族阵容不断扩充，为多场顶级盛会注入数智活力。然而，数智人只是科技创新应用的冰山一角。在 2023 年举办的杭州亚运会中，中国移动作为杭州亚运会的官方通信服务合作伙伴，借助 5G、大数据、XR、人工智能、物联网等新一代信息技术，为本届亚运会埋下了许多科技"彩蛋"，让赛场内外处处闪耀着"科技亚运"之光。

在杭州亚运会开幕式上，中国移动打造了"开幕式 AR 互动特别环节"。在 5G+ 云算力的支持下，用户可以助力吉祥物"江南忆"传递亚运火炬，放飞亚运华灯，寄出亚运九国标志建筑 3D 立体明信片。在"助燃亚运火炬"环节，随着现场观众和线上用户的数实同屏助力，一星星火苗向"潮涌"汇聚，亚运史上首个以场内外观众同屏互动点燃数字火炬的高燃瞬间就此诞生。

为了提高观赛的沉浸感，中国移动结合裸眼 3D 和生成式 AI，让观众在手机屏幕上体验裸眼 3D 视觉效果；在移动云 VR 通过 5G+XR+8K FOV 黑科技创新升级亚运专属观赛场景。在亚运观赛舱里，观众不仅能通过舱

内亚运赛事专属赛程表、奖牌榜和积分榜，及时掌握一手赛况，还能戴上 VR 头显身临其境超燃赛场；与吉利汽车联手发布了全球首个 5D 沉浸式娱乐座舱解决方案，基于多屏多场景联动座舱设计、全景声音响、呼吸 / 音乐律动氛围灯、智能车载香氛系统、智能座椅具有加热 / 通风 / 按摩等功能，用户可以感受可看、可听、可触、可嗅、可动的 5D 沉浸式亚运观赛体验。

2023 年 BRANDZ 最具价值中国品牌百强榜单显示，中国移动品牌价值排名位列全国第 5、央企第 1，品牌价值同比大幅提升 38%，增速全国第 1。2023 年 BRAND FINANCE 全球品牌 500 强榜单显示，中国移动品牌价值排名在国际运营商中位列第 4，品牌价值高达 3110 亿元。

多年来，中国移动以实力缔造品牌、以服务涵养品牌、以创新赋能品牌、以责任擦亮品牌，已实现品牌价值全球领先。面向未来，中国移动将以习近平新时代中国特色社会主义思想为指导，充分发挥品牌引领作用，全面实施"中国移动品牌引领行动"，构建"1+4+4"全新战略品牌体系，把满足人民美好生活需要作为品牌建设的根本追求，彰显中国移动"世界一流、科技创新、优质服务"三大品牌形象要素，坚持信息服务科技创新，持续丰富品牌内涵，提升品牌价值，为新时代中国品牌建设贡献自己的力量。

中国宝武:

加强卓著品牌建设　成为全球钢铁业引领者

中国宝武的"金字招牌"

>>>>>>>> **企业简介**

中国宝武钢铁集团有限公司由原宝钢集团与原武钢集团于 2016 年联合重组而成，是中央直接管理的国有重要骨干企业。2019 年至今，宝武已先后与马钢集团、太钢集团、新钢集团、中钢集团实施联合重组，成为重庆钢铁实际控制人，托管重钢集团、昆钢集团，是全球规模最大、最具影响力的钢铁企业。

中国宝武 2020 年被国务院国资委纳入中央企业创建世界一流示范企业；2022 年获批成为国有资本投资公司并启动新型低碳冶金现代产业链链长建设工作。2022 年，宝武钢产量 1.3 亿吨，营业总收入 1.15 万亿元，资产规模达到 1.32 万亿元。宝武在 2023 年公布的《财富》世界 500 强排行榜位列 44 位，继续位居全球钢铁企业首位。

中国宝武认真学习贯彻习近平总书记对宝武的重要讲话和指示批示精神，牢记总书记"老大变强大"的殷殷嘱托，以"四化"（高端化、智能化、绿色化、高效化）为方向引领，以"四有"（有订单的生产、有边际的产量、有利润的收入、有现金的利润）为经营纲领，以科技创新为核心驱动力，坚定不移做强做优做大，致力于构建以钢铁制造产业为基础，先进材料产业、绿色资源产业、智慧服务产业、产业不动产业务、产业金融业务等相关产业（业务）协同发展的"一基五元"格局，为建成产品卓越、品牌卓著、创新领先、治理现代的世界一流企业而踔厉奋发、笃行不息，为实现中华民族伟大复兴的中国梦作出新的更大贡献。

　　品牌是企业核心竞争力的综合体现,是企业参与全球竞争合作的战略性资源。2014 年 5 月 10 日,习近平总书记在河南考察中铁工程装备集团时提出"三个转变",深刻阐明了创造、质量和品牌建设的重要性,为深化供给侧结构性改革、提升产业基础能力和产业链现代化水平,为广大企业扎实推进自主创新和品牌建设提供了科学指引,为宝武加快建设世界一流企业指明了前进方向、提供了根本遵循。

　　近年来,中国钢铁行业加快绿色低碳转型步伐,行业竞争力日益增强,然而"傻大黑粗"的传统形象在部分社会公众心中依然存在,社会认同度、美誉度仍需进一步提高。通过更为科学专业、体系协同的品牌运营管理,实现从"圈内"到"圈外"的品牌塑造,对于建立与我国钢铁行业地位相匹配的品牌形象、为行业高质量发展赢得良好的舆论环境有着重要意义。

　　行业实现高质量发展呼唤品牌力量,创建世界一流企业更需要品牌加持。作为全球最大的钢铁企业,宝武全面贯彻落实习近平总书记重要指示精神,积极践行品牌强国战略,致力于通过加快创建卓著品牌实现新一轮战略发展,为建设世界一流企业提供坚强支撑。为此,宝武守正创新、精业笃行,积极探索出品牌全生命周期管理的"道、法、术",全方位多维度锻造强大品牌力、赋能企业高质量发展。

以全生命周期之道,打造宝武品牌、重塑行业形象

　　宝武以"共建产业生态圈推动人类文明进步"为使命,以"成为全球钢铁及先进材料业引领者"为愿景,以"全生命周期"的理念,聚焦打通公司品牌和产品、服务品牌从起步建设、运营管理到价值转化的各个环节,以"顶层策划、平台化运营、体系化协同"的方式推进品牌建设,实现宝武品牌为全体系子品牌赋能、子品牌为宝武品牌增色添彩的品牌价值链生态。

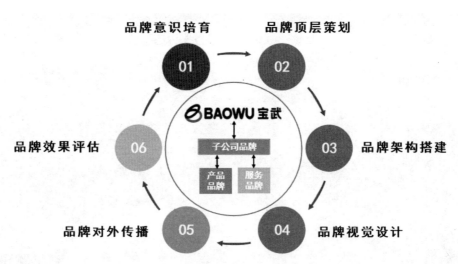

品牌全生命周期管理之道

以品牌建设融入生产经营之法，夯实品牌根基

宝武锚定加快创建世界一流企业的目标，将品牌建设融入企业生产经营的全过程、全领域。

高品质的产品和服务是品牌卓著的压舱基石。我们以卓越产品构筑品牌载体，为宝武产品及服务综合竞争力的提升固本培元。以 QCDDS（质量、成本、交付、研发、服务）核心理念引领，持续提升产品供给质量，打造以用户为中心的产销研用生态圈，搭建产品品牌传播、交流平台，鼓励子公司因企制宜探索符合企业实际的差异化产品品牌战略，促进卓越产品与卓著品牌的相互增益。

行业领先的技术水平是品牌卓著的核心要点。宝武担当央企使命，将国家"卡脖子"清单转化为企业科技创新的项目清单，实施钢铁材料升级工程，围绕国家战略、重大项目、重大装备和重点基础材料，积极主动承担关键核心材料进口替代，提升自主创新能力和供给能力，培育一批"高精尖特"产品品牌，不断攻克"卡脖子"材料。

超轻型高安全纯电动白车身 BCB EV

　　全生命周期的绿色低碳是品牌卓著的鲜明底色。宝武勇当新型低碳冶金现代产业链链长，围绕"绿色制造、绿色产品、绿色产业"推动产业链融通发展和转型升级。搭建全球低碳冶金技术创新合作平台，发起成立全球绿色低碳冶金联盟、低碳冶金创新中心，率先在行业内发布低碳冶金路线图，探索"富氢碳循环氧气高炉""氢冶金"等技术路径。

　　完善的公司治理体系是品牌卓著的内在保障。宝武立足国有资本投资公司功能定位，全方位完善公司治理、纵深推进国企改革，国有资本投资公司建设取得里程碑成果。总部定位更加清晰、子公司管控关系更加明晰、资本市场运作能力明显提升。国企改革三年行动实现高质量收官，旗下多家子公司混合所有制改革稳步推进，市场化经营机制加快建设。构建新型经营责任制，深化算账经营，推进精益管理，以用户为中心打造最佳生产经营体制；激发和培养每一位管理者的企业家精神，让企业在激烈的市场竞争中保持领先优势，实现高质量可持续发展。

强大的跨国经营能力是品牌卓著的有力助推。宝武建立了完善的海外营销服务网络和以产品出口为主的国际化形态，加快建设具有全球资源配置能力的世界一流企业。稳健有序开展境外投资和生产经营，更高水平参与"一带一路"沿线国家项目布局，多渠道开展海外钢铁产业投资项目寻源，不断优化海外项目推进体制机制，一批重点项目进展顺利。根据宝武国际化战略布局匹配品牌传播，助力宝武打造代表中国钢铁企业形象的"国家名片""金字招牌"。

凝心聚力的企业文化是品牌卓著的精神内核。我们大力推进企业文化整合融合化合，持续增强"同一个宝武"的认同感、归属感、忠诚度。实施企业文化建设工程，进一步促进企业文化建设和公司治理贯通融合；开展"钢铁铸梦·荣耀百年"宣传教育系列活动、宝武"公司日"系列活动，唤醒宝武人的集体记忆、凝聚情感共识与价值认同。积极履行社会责任，持续建立健全"1+N+M"报告体系及常态化发布机制，宝武成为中央企业ESG联盟首批成员单位、中国ESG首批示范企业，位列"中央企业责任管理·先锋30指数"第2位。文化的滋养，为宝武品牌的行稳致远注入了强大灵魂。

以立体化塑造品牌之术，唱响宝武好声音

宝武为中国钢铁行业的正面形象鼓与呼，致力于讲好钢铁发展历史故事、绿色本色故事、文明基石故事和美好愿景故事，改变社会大众对钢铁属性"黑色"的固有认知。

强化全员品牌意识。从战略性视角全面提升品牌顶层策划、设计及体

系管理能力，制订下发《宝武创建卓著品牌的实施意见》，从关键核心要素、顶层策划、体系管理等维度提炼部署宝武品牌卓著行动计划，为集团全体系创建卓著品牌提供重要指导依据。开设官微"品牌大家谈"专栏，通过集团总部、子公司、新进大学生、明星产品团队谈品牌，让创建卓著品牌的意识深入人心。

优化品牌架构。建立适合宝武的品牌架构和管理模式，在宝武联合重组伊始便梳理品牌资产，确定以"宝武"品牌作为集团统领性品牌和相关产业品牌、保留"宝钢"品牌和部分多元产业独立品牌；确定了以统一品牌为主、适度独立品牌相结合的混合型品牌架构。子公司根据自身业务规划和用户对产品的感知度，建立强大的明星产品品牌族群，做大做强细分市场。

2500m³ 富氢碳循环氧气高炉

完善品牌视觉识别。根据新时代审美设计和优化视觉识别，打造宝武和子公司强有力的"超级符号"，从视觉心理上建立与利益相关方的紧密连接。宝武员工自主设计宝武标志、全球低碳冶金创新联盟（GLCMI）标志、富氢碳循环氧气高炉（HyCROF）标志，"勇当现代产业链链长"徽标在众多投稿中脱颖而出并正式发布。推出宝武首个官方 IP 形象"牛小宝"，构建年轻化、拟人化、富有活力的品牌形象。

创新品牌传播。通过"央媒＋自媒""线上＋线下""行业＋社会"等多种宣传渠道，聚焦"高端化、智能化、绿色化、高效化"主线，积极宣传宝武在重要关键领域取得的实践成果，策划了一批有影响、有深度、层次高、范围广的外宣报道，《人民日报》、新华社、中央电视台等头部央媒的聚焦报道极大提升了宝武在行业内外的引领者形象。

策划制作宝武宣传片《HI，你好，我是中国宝武》、绿色宣传片《原来钢铁是绿色的》、科普动画片《如果没有钢铁》、世界钢协 2023 年年会东道主推介影片《你我有约 绿动未来》，以国际化的视野和独特的视角展现了硬核宝武。

围绕"大国顶梁柱　奋进新征程"主题，策划宝武国企开放日系列活动，并在官微开设专栏跟踪报道。策划参展中国品牌博览会、中国国际冶金展、大国制造展等展会活动；举办全球低碳冶金创新联盟成立大会、全球低碳冶金创新论坛等国际会议论坛，提升品牌行业影响力和国际影响力。

增强品牌保护力度、注重品牌评价。建立健全品牌法律保护体系，不断加强商标、字号和域名保护，前瞻性开展与品牌相关的国内外商标和域名注册。注重品牌评价，制订《宝武创建卓著品牌评价指标》，推动全体系品牌建设能力持续提升、形成品牌管理闭环。

宝武品牌管理的"道、法、术"立足卓著品牌的全局性、全方位建设，着力强化了宝武全体系品牌引领意识，宝武"高端化、智能化、绿色化、高效化"的高科技品牌形象广泛传播，宝武品牌价值进一步提升。

2023 年，宝武入选"2022 年度中央企业品牌建设能力 TOP30"，位列

钢铁"智"造中心

第 19 位。在世界品牌实验室发布的《2022 世界品牌 500 强》榜单中，宝武排名第 343 位，在 45 个上榜中国品牌中位列 33。以宝武为代表的中国钢铁企业品牌价值正逐渐得到国际国内市场的认可。

"宝武出品，必是精品"的"金字招牌"备受认可。宝武产品供给质量不断提升，汽车板、取向硅钢产量位居全球第一并实现持续引领，"手撕钢"、动车车轮用钢等突破关键核心技术，在高端用钢领域占据重要地位，共同以差异化竞争力和良好的品牌承诺赢得了海内外用户的信赖。不断突破"卡脖子"技术难题，在航空航天、能源、海工、装备等领域锻造新的产业竞争优势。

宝武的"绿色名片"深入人心。历经 7 年成功实现 400m³ 级富氢碳循环氧气高炉（HyCROF）工业级中试应用，2500m³ 级 HyCROF 示范应用高炉已于 2023 年 9 月底建成投运，取得了化石燃料消耗降低 30%、碳减排超 20% 的阶段性成果。正在加速建设的百万吨级氢基竖炉＋零碳高等级薄钢板工厂项目，计划 2025 年初投运，运行初期预计减碳量可达 50%，远期将实现近零碳排放目标。一批高强度、高耐腐蚀、高效能的绿色差异化产品全球首发；聚焦建筑、能源、交通等领域形成 82 个绿色材料综合解决方案。可再生金属资源、清洁能源等绿色产业，中国钢铁行业 EPD（环境产品声明）等绿色产品"通行证"，城市钢厂集群等绿色风景汇聚成绿色发展合力，多方面构筑了宝武的绿色引领者形象。

"高科技宝武"形象改变大众认知。智能制造实现从 1.0 的"四个一律"（操控室一律集中、现场操作一律机器人、设备运维一律远程、服务一律上线）向 2.0 的"三跨融合"（跨产业、跨空间、跨人机界面的互通融合）进阶，打造了"黑灯工厂"、智慧管控中心、"一键炼钢"等一批智能制造亮点示范，智能制造向 One Mill 和极致效率加速发展，智慧、高科技的品牌特质日益凸显，提振了全行业、全社会对于未来钢铁的信心和决心。

此外，伴随企业联合重组和专业化整合进程，宝武品牌含金量、市场美誉度和公认度逐年递进在 2023 年公布的《财富》世界 500 强排行榜中，宝武位列第 44，继续位居全球钢铁企业首位。国际三大评级机构继续给予中国宝武全球综合性钢铁企业最高信用评级。在推进旗下各单元专业化整合及市场化发展方面，宝武品牌同样为子公司对外合作提供了优质的品牌背书。

品牌建设永远在路上。宝武将进一步拓展"顶层策划、平台化运营、体系化协同"方面的深度、广度，提升全生命周期品牌管理运营能力，以品牌力将全体宝武人团结成"一块坚硬的钢铁"，为宝武加快创建卓著品牌和打造成为世界一流企业，久久为功、积蓄势能，汇聚高质量发展的磅礴力量！

中国东航：

镌刻文化基因　绽放一流品牌魅力

东航全球首架 C919 商业运营首航

>>>>>>>> **企业简介**

　　中国东方航空集团有限公司总部位于上海,是中国三大国有骨干航空运输集团之一,前身可追溯到 1957 年 1 月原民航上海管理处成立的第一支飞行中队。在建立起现代航空综合服务集成体系的基础上,东航全力打造全服务航空、创新经济型航空、航空物流三大主业,着力打造东航技术、东航食品、东航科创、东航资本、东航资产等五大航空相关产业板块,是首家实现航空客运和航空物流两项核心主业"双上市"的国有大型航空运输集团。

　　作为集团核心主业的中国东方航空股份有限公司,运营近 800 架飞机组成的现代化机队,拥有中国规模最大、商业和技术模式领先的互联网宽体机队。东航主动服务和融入共建"一带一路"倡议,构建起以上海和北京为主的"两市四场"双核心枢纽网络和西安、昆明等区域枢纽,借助天合联盟,航线网络通达全球 166 个国家和地区的 1050 个目的地,每年能为 1.5 亿人次提供航空出行服务,位居全球前十。

　　一直以来,东航积极履行社会责任,执行一系列应急救灾和海外公民接运任务;多年定点帮扶助力云南省临沧市双江、沧源两县实现脱贫摘帽、接续推进乡村振兴;全面推动"节能减碳、绿色飞行",在"十三五"期间实现减碳 200 万吨,成功执飞中国首个全生命周期碳中和航班。

　　东航连续多年获评全球品牌传播集团 WPP 旗下"BRANDZ 最具价值中国品牌"前 100 强、"BRANDZ 中国全球化品牌"前 50 强及 BRAND FINANCE "全球最有价值的 50 个航空公司品牌"等多项荣誉,在运营品质、服务体验、社会责任等领域屡获国际国内奖项。

近年来，中国东航坚决贯彻落实习近平新时代中国特色社会主义思想，积极践行"三个转变"的重要指示精神，始终坚守"人民航空为人民"理念，在国务院国资委指导下，结合国家战略和东航实际，大力实施品牌战略，持续推动改革创新，以发展实践诠释品牌价值观，向全世界展示中国航空企业的品牌魅力、打造多元讲述中国故事的航空载体。

飞架天路助力"大道同行"

2023 年 9 月 28 日，在东航"上海—伊斯坦布尔"开航发布会上，土耳其驻上海总领事侯赛因·埃姆莱·恩金表示，新航线的开航，不仅开启了民航业界的新篇章，也是土耳其与中国这两个伟大国家之间长期以来友好合作的见证，希望这条航线成为两国友谊与合作的桥梁。

确实，航线网络对于世界各国的友好往来，发挥着不可或缺的赋能作

中国东航"上海—伊斯坦布尔"航线开通

用。作为中国民航主力军之一，中国东航持续拓展航线网络，近十年间陆续新开了奥克兰、阿姆斯特丹、马德里、布达佩斯、伊斯坦布尔等一大批国际远程航点。除此以外，东航还在积极规划推进更多国际航线的开通，特别是进一步全面完善洲际航线网络。

在 2022 年由东航参与承办的北外滩国际航空论坛上，东航发布"超级承运人"成果，提出将自身打造成"航空运输超级承运人"的愿景框架；2023 年的北外滩国际航空论坛上，东航又围绕打造"超级承运人"进展，发布"长三角经济圈空地一体出行网络建设"等成果，进一步展示了其积极推动国际航班恢复的新进展新举措。在我国航司中首家开航"上海—伊斯坦布尔"、首次开通上海直飞北非航线"上海—开罗"，折射出东航持续接力的"超级承运人"发展路径，不断织密"空中丝绸之路"，为"世界一流"品牌形象建设工作提供积极助力。

2023 年民航迎来了稳步快速复苏，东航也正在这一节点上，迅速抓住

2023 北外滩国际航空论坛

复苏机遇，按照"枢纽优先、干线优先"的原则，有力开启"日出东方、再次启航"的崭新航程。当前东航已直接联通境外 86 个航点、覆盖全球 31 个国家和地区，借助天合联盟，东航的航线网络通达全球 166 个国家和地区的 1050 个目的地，并在全球设有 100 余个海内外分支机构。

"四精"服务展示"东方魅力"

《排面拉满！中国女足包机回国：刚进祖国空域，高速通讯卫星带来央视专访》，2022 年初，这则新闻报道伴随万众瞩目的中国女足勇夺亚洲冠军后回程航班，刷屏各大新闻媒体。彼时，中国女足由印度回国的包机，是完成改装、能接入亚太 6D 卫星高速网络的东航宽体客机航班，全国人民通过东航的机上高速网络，见证了女足姑娘的凯旋直播、接受央视视频采访的顺畅互动，视频音频的清晰、网速的丝滑流畅，赢得了广大观众、

女足回国

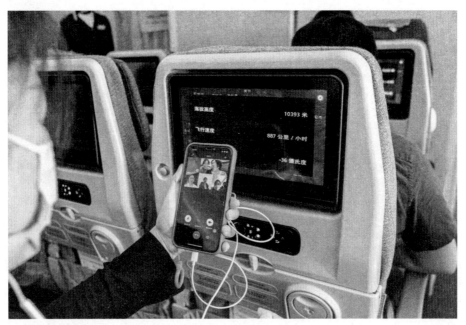

空中 Wi-Fi

网友的纷纷点赞。这样"冠军级"的高速上网服务,如今已经遍及东航的每一架宽体客机。

2023 年暑期,东航完成国内首次"从起飞到落地"全程空地互联服务的测试飞行,突破了原先 3000 米高速以下的上网限制,目前,东航已经完成所有宽体飞机的改装。对于普遍使用宽体客机执飞的商务航线而言,意味着东航旅客能在这些航班上广泛实现"离地就上网,全程都在线"。11月初推出的"空中 Wi-Fi 多次卡",将空中 Wi-Fi 服务以更便利、更高性价比的方式推向全球旅客。

值得一提的是,除机上智能化科技创新外,东航持续在航空食品上下功夫,全新推出的"东方天厨"系列餐食和特调饮品,包含"云上食·臻""云上食·焕""东航那碗面"等系列航空、地面餐食,以及"日出东方""匠心醇香""四季尝新""薄荷提神"等机上饮品,让全球旅客在"机上机下"均能享受到东航用心准备的精美餐食,从满足旅客"舌尖上的美

中国最大互联网机队

味"需求方面发力,让旅客成为这张"名片"的传播使者,为绘就世界一流航企名片"锦上添花"。

产品服务优化的同时,在上海、巴黎、阿姆斯特丹、伊斯坦布尔等多个重要航空枢纽,东航通过与所属天合联盟伙伴或者其他合作航司的深入合作,为枢纽中转旅客实现了从出发地开始,就能办完各段登机牌、将行李托运到最终目的地的地面服务,为点对点之外、穿梭于"一带一路"更庞大的转机旅客群体,提供了便捷顺畅的出行体验。

不仅是客运服务,东航"客改货"飞机、"全货机"也开足"马力",全球运行、保通保畅,有力支持了产业链供应链稳定。中国国际进口博览会从首届到第六届,作为上海最大的主基地航空公司,来自各个国家的展品、商品通过东航空运或地面装运服务"落地"上海。东航利用全物流产业链的优势打造"产地直达",从南美洲智利出发的车厘子经过短短的20多个小时,就能从"枝头"到中国老百姓的"餐桌"。这种模式还被复制到三文鱼、龙虾、榴莲等"一带一路"沿线国家农产品的跨国物流运输之中,为贸易畅通、民心相通、互利共赢贡献央企力量。

万里驰援诠释"风雨同舟"

2023 年 9 月底,东航一架全货机执行我国援助利比亚紧急人道主义物资包机 CK5001 航班,历时近 16 个小时,途经 2 个落地国,飞经 17 个国家,将帐篷、急救包、净水设备和监护仪等 90 余吨人道主义援助物资运抵利比亚东部城市班加西。

今年 9 月,地中海飓风"丹尼尔"以极为罕见的高强度、并罕有地在夏末出现,给地中海周边多国,尤其是利比亚带来大风和强降水灾害。有专业分析认为,利比亚遭受的此次灾害,是 2008 年缅甸风灾以来,全球最大的风暴灾害之一。中国政府决定向利比亚提供 3000 万元人民币的紧急人道主义援助,以帮助利比亚开展灾后救援工作。东航受命执行援助物资包机,圆满完成任务。

这样的包机并非个例,多年来,东航一次次承担使命,或是驰援海

东航执飞援助利比亚航班任务

外，或是接运中方人员回国，执行了众多时间紧、任务重的航班任务。

2014 年 11 月，东航受命执飞运送我国援外医疗队专家赴西非埃博拉疫区的包机任务。包机需要从重庆调机到北京，医疗队在北京登机，再技术经停莫斯科，随后飞往利比里亚首都蒙罗维亚，援利医疗队和物资在此组织降载，飞机则继续飞往塞拉利昂首都弗里敦，在弗里敦组织我国援塞医疗队的首批轮换，然后再将前一批援塞医疗队员送回北京。整个航程历时 40 多个小时，尤其是在利比里亚首都蒙罗维亚和塞拉利昂首都弗里敦，当地机场设施薄弱、地面保障水平差，更是艰巨的考验。最终，依托东航出色的专业能力保障，此次包机顺利完成。

2017 年国庆之夜，东航两架包机经过 40 多个小时的飞行，往返近 3.4 万公里，从加勒比海岛国安提瓜和巴布达接回受困飓风灾区的中方人员。2020 年 3 月 9 日，东航全货机从上海浦东机场星夜起航，载着近 70 吨救灾物资，飞抵达卡拉奇机场，圆满完成了中国政府向巴基斯坦提供的应对

东航执飞援助意大利抗疫专家组包机航班

蝗虫灾害紧急援助物资的运输任务。同年 3 月 12 日，东航执飞了中国首班援外抗疫专家组包机航班，将我国政府和中国红十字会向意大利派出的抗疫专家与物资送往罗马，此后又多次执行赴海外的抗疫运输任务；2021 年 3 月 18 日，东航派出全货机从北京到多米尼加首都圣多明各，飞行超过 17 小时，完成了中国民航首个新冠疫苗洲际包机任务。

多年来，东航正是以这样一个个的包机任务，不断地向世界展示出讲信用、负责任的中国企业形象，为"世界一流"企业形象建设"添砖加瓦"、注入积极动能。

文化基因激活"品牌活力"

在这个快节奏的时代，搭乘航班不再只是简单的从一个地方到另一个地方的旅行，航空承载中华文化更是让品牌别具魅力，从而在激烈的国际竞争中赢得一席之地。

无论是"随心飞"产品的出现，还是"空中开机"服务的推出，或是"空铁联运"的实现，再到接收全球首架 C919 等等。东航以创新品牌感知思维，打破行业常规，为消费者带来了品牌全新的消费体验，全力打造"中国产品"向"中国品牌"发展的东航样本。

东航全球 800 余架飞机的强大运力和全球服务营销场所的广泛覆盖，为全球旅客提供了丰富的场景选择，在沉浸式的品牌体验中，让旅客在每一次旅行中都能感受到东航品牌的魅力。2023 年 5 月 28 日，东航全球首架 C919 开启全新商业飞行，从"全球首架"的中国印，到"国色染山河，目之所及皆美好"为主题的专属航空安全须知视频，一系列中华文化元素的呈现，让每一位搭乘航班的旅客都能感受到中华文化的深厚底蕴。

此外，东航还注重培育构建融通中外的话语体系，打造品牌厚重文化内涵，通过开展覆盖"全球、全程、全矩阵"的互动传播，多语种讲述搭建"空中丝路"的实践故事，用"飞向世界一流"的精彩实践故事诠释品

中国品牌日

牌价值。目前东航海内外社媒矩阵粉丝已突破 2500 万，"Meet U"（东航两字代码"MU"）文化之旅、"唐小燕"汉服文化 IP、首创《东航说二十四节气》专栏等，让世界在感受中国文化与民俗风尚之间，加深了对"东方魅力"的理解和认知。在共建"一带一路"倡议十周年之际，推出"十城十遇"东航"Z 世代"丝路漫游记——"Meet U in Wonderlands"，身着汉服的东航"Z 世代"乘务员飞往"空中丝路"中外名城，以互动式交流方式，带领网友共同探秘不同地域风土人情，多视角呈现"丝绸之路"和平、友谊、交往、繁荣的文化内涵，绘就"一带一路"沿线国家文化相融、民心相通的美好画卷。

　　未来，中国东航将以锚定中国式现代化发展新目标为引领，致力于打造"航空运输超级航空人"，通过不断更新、升级和创新，全力塑造"他视角"下更加生动、立体和全面的品牌形象，不断擦亮世界一流航空公司的名片，随着"空中丝路"的不断延伸而飞向更广阔的世界。

中国中化：
一朵牡丹的国际化"绽放"之路

凯晨世贸中心

>>>>>>>>> **企业简介**

中国中化控股有限责任公司（简称中国中化）由中国中化集团有限公司与中国化工集团有限公司联合重组而成，于 2021 年 5 月 8 日正式揭牌成立，为国务院国资委监管的国有重要骨干企业，员工 22 万人。

中国中化业务范围覆盖生命科学、材料科学、石油化工、环境科学、橡胶轮胎、机械装备、城市运营、产业金融等八大领域，旗下拥有扬农化工、安道麦、安迪苏、中化国际、鲁西化工、昊华科技、埃肯、倍耐力、中国金茂等 16 家境内外上市公司，在全球超过 150 个国家和地区拥有生产基地和研发设施，以及完善的营销网络体系。截至 2022 年底，中国中化总资产超过 1.5 万亿元，全年营业收入超过 1.1 万亿元，位列 2023 年《财富》世界 500 强榜单第 38 位，化学品行业榜单第一位。

面向未来，中国中化将遵循"科学至上"理念，矢志打造世界一流综合性化工企业，不断提升可持续发展能力，为社会、客户、股东、员工创造最大价值，为行业发展、社会进步贡献力量。

2014 年 5 月 10 日，习近平总书记在视察中国中铁装备集团时，作出了"推动中国制造向中国创造转变、中国速度向中国质量转变、中国产品向中国品牌转变"的重要指示。2022 年，习近平总书记在讲话中再次将品牌作为世界一流企业建设的重要一环，指出要"加快建设一批产品卓越、品牌卓著、创新领先、治理现代的世界一流企业"。

高质量发展是全面建设社会主义现代化国家的首要任务，中国中化深入贯彻落实习近平总书记关于"三个转变"的重要指示精神，推动公司在新时代新征程上加快打造卓著品牌，引领高质量发展，矢志建设成为世界一流的综合性化工企业。

两化合并，落地生根，在自然的沃土播下种子

2021 年 3 月 31 日，经国务院批准，中国中化集团有限公司与中国化工集团有限公司实施联合重组；5 月 8 日，由两家公司重组而成的中国中化伴随着全新的"牡丹花"品牌 LOGO 形象亮相，正式揭牌成立。

两化合并之前，公司总部形成各项目筹备组，所面临的紧迫工作大多是"向内"的，而"向外"迫不及待的工作便是打造"新生命"的样子：新公司的名称与品牌形象。

随着新公司战略逐步清晰，"与自然和谐共生"的品牌理念初步确立，"新生命"的品牌中英文名称也确定为"中化 Sinochem"。

中化集团原有的品牌标识烧瓶是化工行业的典型意象图形，行业属性明显且直观，与新公司"与自然和谐共生"的品牌理念偏离较远，同时与旗下生命科学等业务的行业属性以及受众期待的品牌形象不符。中国化工原有的品牌标识为 CHEMCHINA 字标，也无法延续使用。

当时，品牌团队一方面积极对标世界一流化工企业品牌，在品牌标识层面进行学习借鉴，并与竞争品牌产生区隔；另一方面，将化学这门人类探索物质奥妙的科学与大自然密切地联系在一起，让化学事业与自然界和

中国中化品牌传播广告

谐共生,梳理并构建中国中化全新品牌理念系统,积极寻求标识设计的内在支撑和创意灵感来源。

中国中化品牌团队通过系统盘点两化品牌资产以及内外部充分调研,结合企业全新战略定位,建立完善的品牌理念系统,搭建起包括企业愿景、使命、战略定位、品牌理念、核心价值及品牌形象在内的完整的品牌屋,确保全体员工、各级品牌团队及第三方品牌合作伙伴充分了解"中化"品牌相关核心信息,保证"中化"品牌所传递的内外信息和呈现的形象清晰、统一,也为品牌标识创意和设计提供内在支撑和创意来源。

在明确品牌标识设计的内在支撑和创意思路基础上,前后历经9轮设计和反复修改,并结合商标国内外注册可行性查询,从200多个方案中逐批甄选,最终,中国中化的品牌标识由"牡丹花"图形标志、"中化sinochem"文字以及品牌口号"科学至上"构成。这一品牌标识在成立大会上正式亮相。

中国中化的全新"牡丹花"品牌标识

展开来看，中国中化的品牌标识以牡丹为创意出发点，通过生长绽放的形态和浑然天成的色彩，传递中国中化秉承"科学至上"理念，创新成长，卓越管理，绽放无限生命活力的企业精神，体现与自然和谐共生，促进社会可持续发展，创造人类更美好未来的不懈追求。

向上生长的牡丹花，通过简约抽象的几何图形配以流畅的线条轨迹予以灵动展现，同时外部整体造型打破传统对称格局，预示中国中化同大自然生生不息一样，充满盎然生机，迸发无限活力。牡丹花的四片花瓣，象征中国中化为社会、客户、股东和员工企业价值四要素持续创造价值，为满足人民群众对美好生活的向往四季奋斗；三簇花蕊，象征创新、创业、创造的内生动力，以及"三"生万物的神奇化学力量。

圆润绽放的外观，像张开的双手，呈现包容开放的态势，传递真挚奔放的热情，既寓意中国中化内部企业文化有机融合，也寓意与全球各界朋友携手合作。而双蓝色递进的色调，则彰显在中国中化，科学与创新力量共同驱动，化学与自然友好相融，公司发展与增进人类福祉共生共赢。

全球传播，融合交流，提升品牌影响力

作为国际化特色鲜明的中央企业，中国中化在 150 多个国家和地区拥有生产、研发基地，境外外籍员工占比接近50%，境外资产和境外企业收入超过一半，是典型的全球布局、国际化运营的跨国央企。

新公司成立伊始，中国中化迅速启动品牌国际化传播工作，在对外话语体系建设上下功夫，加强与全球利益相关方的沟通交流，开创公司国际传播工作新局面。

对"两化"原有品牌资产与形象的全球调查显示，利益相关者对"中化集团"的品牌印象为专业、稳健、市场化、国际化、但产业突破创新不足；对"中国化工"的品牌印象为国际化、研发资源突出，但业务扩张激进等。中国中化成立后，尽快重塑新公司品牌形象、向全球利益相关方传递成为当务之急。

经深入调研并对标国际化企业，公司正式确立了全球品牌形象重塑目

中国中化品牌旨在用化学创造生命之美

中国中化以全新品牌形象亮相中国品牌日活动

标,即打造"科学技术驱动的世界一流综合性化工企业"品牌形象;重点
围绕树立"科技驱动的创新型企业、卓越运营的领军企业、绿色环保的负
责任企业、开放包容的国际化企业"四张名片开展传播;并根据公司和行
业实际,规划了"破旧——纠正对化工行业的偏见误解、立新——树立对
新公司的准确认知、启智——加大对化工等领域前沿科技科普"三大品牌
传播方向。

中国中化新品牌国际化传播战略正式确立后,公司始终坚持战略目标
和方向,以专业性、国际化的传播特色塑造公司品牌形象,推动全球利益
相关方对新公司品牌形象的认知认同。

在搭建立体化国际传播阵地方面,中国中化开设了海外社交媒体
Facebook、Twitter 账号 @SinochemNews,与客户、合作伙伴、投资者、员
工等利益相关方形成社交媒体互动,构建良好的社会关系和生态圈。在传
播主题上设置了"化闻天下""中化之声""合作无界""化学真奇妙""中

中国中化精彩亮相中国国际化工展

化大家庭"等专栏,讲述可持续发展、员工关怀、社区贡献、投资者权益、诚信经营、创新技术等内容。同时,就节能低碳、扶贫公益等相关社会话题表达企业主张,积极回应社会关切。

中国中化 22 万员工中有一半为外籍员工,中外企业文化的差异让内部融合沟通本身即构成了跨文化交流及国际传播的重要一环。《Sinochem Newsletter》月刊,作为中国中化面向海外企业员工的英文刊物,通过电子邮件发送全球海外员工。在传播主题上,分别以"卓越运营""减碳""上海进博会"等为主题策划报道,同时开设"美丽中国"专栏,介绍中国传统文化、经济社会发展、保护生物多样性等内容。

要提升国际传播效能,首先要加强文化融合互动。中国中化的海外企业大多是所在行业的全球领军企业,具有悠久历史、前沿创新实力和品牌全球影响力。因此,充分发挥海外优质子公司品牌形象和外籍高管力量,成为中国中化开展国际传播的重要手段。

　　每年上海进博会期间，公司组织外籍高管出镜接受采访，向世界展现中国对外开放信心与中国市场发展机遇。近年来，中国中化先后有4位外籍高管荣获中国政府友谊奖，在国际传播方面，他们发挥了不可替代的桥梁纽带作用。

　　在与海外企业的融合过程中，中国中化深刻认识到建立"人与人"联结的重要性是建立人类命运共同体的情感前提。因此，中国中化不断创新跨文化交流形式，有效提升中华文化感召力。

　　新冠肺炎疫情期间，国际人员往来受限，中国中化策划"小化全球

"小化全球行"跨文化传播活动

行"跨文化传播活动，将公司卡通 IP 小化 Chemie"派往"瑞士、英国、法国、德国等全球 20 多个国家的海外子公司参观访问、学习交流，并融入当地特色文化活动，巧妙建立起海外企业与总部的情感联系。2023 年中国中化举办第一届"国际夏令营"活动，邀请来自中国、美国、意大利、法国、德国、西班牙、葡萄牙、韩国等 10 个不同国家和地区的 60 名员工子女来到北京，精心安排化学、农业、环保、中国文化等活动，充分发挥青少年在国际交流中的"种子"作用，助力中外文化交流。

如何有效提升中国话语说服力？"中化老外"力量不容忽视。中国中化 8 万名西方国家的本土外籍员工既是公司海外传播的宝贵资源，同时也是开展跨文化融合的重要对象。通过策划"中化老外看中化"系列视频项目，邀请不同国籍、不同身份的外籍员工出镜，项目总监、工厂负责人、

"中化老外看中化"系列视频

中国中化品牌传播广告

工程师、研发专家等，以老外的"眼见为实"，讲述对中国市场和发展的一线观察，给其所在国的亲朋好友和海外广大网友留下了深刻印象。目前，该系列视频作品在海外传播量已达数百万人次，有效提升了海外网友对中国央企的认知、理解和支持。

全面焕新，一路盛放，建设世界一流品牌

中国中化品牌标识于 2021 年 5 月 8 日公司成立大会正式对外亮相，一经发布便获得社会各界的广泛认可和好评。

塑造"中化"品牌形象，提升"中化"品牌影响力，对业务实现反哺，是中国中化品牌建设工作的首要目标。这一点随着全新品牌形象推出和品牌推广传播的不断深入，取得了显著成效。

中国中化旗下各项业务在与政府及合作伙伴接洽和商谈过程中，"中化"良好的品牌形象和市场影响力，为最终达成合作提供了有效助力。在第六届上海进博会期间，中国中化与海内外30余家合作伙伴签订约135亿美元金额的合作协议，创六届进博会签约金额最高纪录，不断扩展中国中化全球"朋友圈"。

接下来，中国中化迈入品牌深度整合阶段，将继续对标世界一流，逐步实现品牌管理科学化、规范化，在生产好产品的同时，坚持绿色、环保、低碳、高质量等品牌特色，达成品牌和业务双向赋能，在新发展格局中推进品牌建设，实现品牌力的无形价值与企业的有形价值共生共荣。

中粮集团：

以责任担当打造世界品牌

中粮东海粮油码头

>>>>>>>> **企业简介**

中粮（COFCO）集团有限公司（简称中粮集团或中粮）是与新中国同龄的中央直属大型国有企业，中国农粮行业领军者，全球布局、全产业链的国际化大粮商。

中粮集团以农粮为核心主业，聚焦粮、油、糖、棉、肉、乳等品类，同时涉及食品、金融、地产领域。

截至2022年底，集团资产总额6956亿元，2022年度，集团整体营业总收入7414亿元，利润总额228亿元。

在全球，中粮集团形成了遍及主产区和主销区的农产品贸易物流网络，从事谷物、油脂油料、糖、肉、棉花等大宗农产品采购、储存、加工、运输和贸易，在南美、黑海等全球粮食主产区和亚洲新兴市场间建立起稳定的粮食走廊，农产品全球年经营总量是中国年进口量的一倍以上。

在中国，中粮集团是大豆、小麦、玉米、食糖等农产品进出口的主渠道。年综合加工能力超过9500万吨，为国人提供日常消费的米、面、油、糖、肉、奶等主要农产品品类。"福临门""长城""蒙牛""酒鬼""中茶""家佳康"等品牌享誉中国市场。

当今世界，农粮供应链产业链格局加速演变，国际粮食市场不确定性不断增加，我国食品消费也从"吃得饱"向"吃得好""吃得健康"等多元化需求快速升级。要充分满足国内消费需求，就需要更好地连同上下游合作伙伴，共同稳链、固链、强链，推动农粮产业进一步升级。

在"三个转变"的指引下，中粮集团作为中国最大的农粮央企和中国农业"走出去"的领军企业，在多年深耕国际农粮市场的基础上，着力构建国内外一体化全产业链经营模式，成功打造了具有世界影响力和信赖度的国际粮商品牌，有效带动了我国农粮产业转型升级，也引领和推动了世界农粮行业可持续发展，为全球农粮供应链稳定顺畅贡献了中国力量。

畅通全球供需　提升品牌影响力

近年来，在全球气候变化、地缘政治冲突等影响下，国际粮食供应链遇阻、供需失衡等问题进一步显化，有效畅通粮食供应链格局成为全球共同面对的课题。

中粮集团在"走出去"过程中，将畅通全球粮食供应链作为重要目标，重点布局了南美、北美及黑海等全球重要产粮区和关键物流节点，成功打通了最具增长潜质的粮食主产区和消费增长最快的主销区的供需通道，有效促进了谷物、油脂油料、食糖、棉花、肉类、乳品等大宗农产品在全球的生产、加工、流动与销售。

截至目前，中粮集团全球资产布局超 40 个国家，全球农粮经营总量达 1.7 亿吨，是阿根廷第一大粮油出口商，巴西第一大对中国的大豆出口商，成为维护全球粮食供应链稳定、畅通全球粮食供需的重要力量。

2023 年，中粮集团又历史性地打通了巴西、南非玉米输华走廊，进一步将世界粮食产区与中国市场连接起来，既进一步畅通了全球粮食供应链，又向世界共享了中国超大规模市场发展机遇，促进了开放型世界经济建设。

中粮桑托斯干散货出口码头

与此同时，中粮集团积极发挥自身在世界粮食市场的影响力，联动国际同行，创新推动全球粮食供应体系的转型升级。2020 年，中粮旗下中粮国际携手 ADM、邦吉、嘉吉、路易达孚等企业，在瑞士成立农业区块链公司 Covantis，成为世界农粮行业的一大创举。Covantis 公司通过区块链技术研发的数字解决方案，促进跨国农产品贸易实现数字化、标准化和现代化。该平台覆盖巴西、美国、加拿大、阿根廷及乌拉圭市场的粮油出口业务，更高效率地将这些地区的大豆、豆粕、玉米、小麦、葵籽和葵粕等农产品，销售至亚洲、非洲等市场，有效促进了长期困扰全球粮食市场的效

打造营养健康产品，守护国人餐桌幸福

率低、运营风险高、交单延迟等痛点难点问题的解决，为进一步优化全球粮食体系作出了有益尝试。

如今，在全球农粮市场上，"中粮"两个字已成为推动全球粮食流通、助力全球农粮供应链可持续发展的"金字招牌"。

保障市场供应　提升品牌信赖度

作为国内最大的农粮食品企业，也是我国农产品进出口主渠道，中粮集团始终坚持"忠于国计，良于民生"的初心使命，以市场化方式高效保障农粮产品供应稳定,成为广大民众心目中信得过、靠得住的餐桌"守护者"。

依托于国内外一体化全产业链布局,中粮集团以市场需求为引导,全面发力确保产、供、运、销等环节高效运转。其中,中粮集团将练好主业"内功"、强化自身能力作为有力保障市场供应的前提。长期以来,通过并购、参股、控股、合营等方式,不断将战略和投资向农粮主业重点品种、关键环节聚焦,产业基础日益牢稳,市场化供应"硬实力"不断加强。

当前,中粮集团主要农产品加工产能及市场份额均处于行业领先地位,是中国油脂加工行业领导者之一,大米、面粉和啤酒原料加工、贸易及销售在国内行业中均处于领先地位,是中国位居前列的棉花贸易商,规模、技术领先的玉米深加工企业,同时还是中国领先的全产业链肉类企业和乳制品供应商。为提高流通环节的效能,中粮集团不断加强与港航企业合作和自有的物流设施建设,已构建起国内最大最完善的大宗粮食贸易物流体系,年港口中转能力近 2200 万吨,其中每年组织"北粮南运"约 900 万吨,旗下北良港则是"北粮南运"的重要枢纽。

作为中国农产品进出口主渠道,中粮集团持续从全球优质农粮主产区组织大豆、小麦、玉米、食糖等主要农产品进口,为国内市场提供更多元、个性化的原料选择,同时满足国人口味调剂的需求。2022 年,中粮集团进口农产品近 5000 吨,占全国总进口量近 30%。

为进一步提升产业链供应链韧性、提升价值创造能力,中粮集团持续推进农粮领域科技创新,已建成以核心主业驱动协同创新的研发管理模式,打造了以中粮营养健康研究院为主体,涵盖 140 余个创新平台的"国家级—省部级—企业级"三级开放式研发创新平台体系,累计拥有专利 4754 项,获得国家科学技术进步奖 24 项,并牵头或参与了"十四五"国家重点研发计划项目 25 项,在农粮食品企业中位列第一。

凭着高效稳定的供应能力和过硬的产品品质,中粮也成为重大活动的供应方,近年来先后圆满完成了北京奥运会、上海世博会、APEC 会议等重大活动的食品供应。

在国内市场，中粮已成为推动现代粮食产业体系发展的"领头羊"、市场化保障稳定供应的"压舱石"，持续为产业链各环节合作伙伴创造更多价值，不断为国内农粮市场注入强劲信心。

升级国民餐桌　提升品牌引领性

作为中国最大的市场化粮油企业，中粮集团始终把满足老百姓日常生活所需的粮油食品消费需求作为战略布局的重要出发点和落脚点。通过长期聚焦粮、油、糖、棉、肉、乳、酒、饮料、茶叶等基本民生消费领域，相继铸就了"福临门""长城""蒙牛""酒鬼""家佳康""中茶"等一系列大众耳熟能详的"中粮品牌家族"，成为国人餐桌常备。

随着人民群众向"吃得好""吃得健康"等需求不断升级，中粮围绕国人营养需求和代谢机制特征，不断改进科学配比、膳食均衡、品质调控等方面的技术，不断升级产品品质，引领了消费新风向，也推动了国人餐桌不断升级。"有餐桌的地方就有中粮"，已成为中国消费市场上的一道亮眼的风景。

在此过程中，成立于1993年的"福临门"品牌，成为中粮集团服务和引领国人消费需求的典型缩影。三十年前，人们还处于吃"散油""毛油"的时代，而随着第一桶"福临门"小包装食用油的出产，中粮掀开了国产小包装食用油的序幕，将国人推向了"小包装油"的时代，逐步改变和改善了国人的饮食习惯。发展中，"福临门"逐渐覆盖米、面、油等老百姓日常消费的核心品类。通过不断推出新品牌与新产品，"福临门"持续引领国人膳食向营养健康转型升级，成为满足国人粮油消费的代表性品牌。第三方数据显示，中粮福临门市场份额位居市场第二，福临门大米连续多年蝉联全国大米类市场综合占有率第一位。

目前，中粮集团产品销售网点超230万家、覆盖全国90%以上地级市，不断完善供应链最后一环，持续拉近中粮好产品与广大消费者之间的

中粮产业园

距离,打造良好品牌形象。2022年,中粮集团位居中央企业品牌建设能力前列。在广大消费者心目中,中粮已经成为安全、健康、美味的国民粮油食品的代名词,"有家就有福临门"。

履行社会责任 提升品牌贡献值

作为具有领导地位的国际大粮商,中粮集团将履行社会责任作为品牌的核心内涵之一,积极在海内外引领和推动绿色低碳转型、开展生态保

中粮糖业崇左工厂成为中国食糖行业首个"零碳工厂"

护、助力乡村振兴等，持续为构建人类命运共同体贡献力量。

中粮集团积极贯彻落实新发展理念和"双碳"战略，以"负责任的方式"开展全球经营。在降碳减排实践中，中粮集团发挥全产业链优势，在上中下游多个环节同时发力，通过降低能耗、优化能源结构实现降碳减排。旗下中粮糖业打造了中国食糖行业首个"零碳工厂"，通过引进国际先进技术和自动化设备，使用蔗渣燃烧供应蒸汽、应用余热回收等绿色技术助力食糖行业低碳转型；旗下蒙牛乳业通过回收再利用粪便甲烷、科学高效使用肥料、改善土壤健康、提升牧场能效等，成功入选了联合国《企业碳中和路径图》案例。

在环境保护上，中粮集团积极参与生态恢复治理与生物多样性保护，呵护农粮发展之本。在中国,中粮旗下中粮家佳康以"种养结合"模式打造循环农业,利用畜禽粪污生产使用有机肥,在降低粪污的同时改良土壤、培肥地力。在巴西,针对当地长期存在的因森林破坏而导致的生态破坏、农业减产等问题,中粮国际通过增强农产品的可追溯性,建立了可持续的农产品供应链。

在此过程中,中粮集团长期秉持开放、合作、团结、共赢的理念,将企业自身发展与促进社会发展和民生福祉深度结合起来,以市场化的方式带动产业链上下游协同共赢发展,助力农业增效、农民增收。

在南非,中粮集团创新业务模式,与农场签约开展农业合作项目,双方收益稳步提高、实现共赢,目前该模式正在撒哈拉以南非洲进行推广。在东南亚,中粮集团在进口泰国、柬埔寨、缅甸、老挝等国家的优质大米

中粮应急保障物资火速驰援保障市场供应

2023 年 5 月 4 日，中粮集团进口的 5.3 万吨南非饲料玉米抵达广东麻涌港，标志着南非玉米输华通道正式打通

的同时，为他们提供农业科技指导，助其提高产量、产能和供应链水平，赢得普遍赞誉。

在国内，中粮集团坚持协同产业链供应链上下游同步发展，大力推进乡村振兴，探索出了以产业化、市场化手段为助推力的共赢发展模式，全链条带动农业现代化发展。中粮集团深入产区，与当地农民在农资供应、农业金融、收储服务等方面建立紧密的合作关系，积极整合土地种植资源、推动农业产业化建设，通过农户直收、合作社种植等方式引导农户"种好粮""卖好粮"，不断优化种植结构，并通过"订单＋保险＋期货＋信贷"等金融项目切实减轻农业经营各环节风险与负担。

同时,中粮集团坚持"一县一策"原则,根据地区资源禀赋,先后在黑龙江绥滨县、延寿县,四川石渠县等地打造特色产业,并通过创新商业模式,将农民与全产业链条紧密相连,与农民结成了相互赋能、合作共赢的利益共同体。

当前,无论是在国内还是在海外,"负责任""可持续""合作共赢"等已成为中粮的闪亮关键词,也成为广大合作伙伴和消费者眼中的重要标签。

通用技术集团：

讲好品牌故事　传递品牌力量

通用技术集团在 2023 年服贸会上展出"通用健康"品牌

>>>>>>> 企业简介

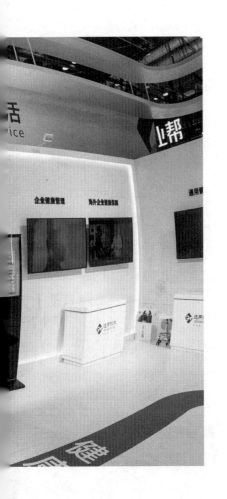

　　中国通用技术（集团）控股有限责任公司（简称通用技术集团）成立于1998年，是中央直接管理的国有重要骨干企业。2018年12月，集团公司获批成为国有资本投资公司试点企业。目前，集团拥有沈阳机床、环球医疗、中国医药、中纺标4家上市公司。

　　近年来，通用技术集团聚焦先进制造与技术服务、医药医疗健康、贸易与工程服务三大主业，持续优化布局结构，不断强化创新驱动，着力推动高质量发展。集团在中央企业经营业绩考核中连续12年（2009—2020年）获得A级。自2014年起，集团7次入围《财富》世界500强。

　　未来，集团将践行"以科技进步和品质服务引领美好生活"的企业使命，秉承"诚信、包容、创新、实干、卓越、共赢"的企业价值观，努力打造成为具有全球竞争力的世界一流企业。

推动高质量发展，品牌建设正发挥着越来越重要的引领作用。近年来，通用技术集团坚决贯彻落实习近平总书记关于品牌建设的重要指示批示精神，将品牌建设作为企业改革发展的重大课题，统筹谋划、积极推动，以讲好品牌故事为抓手，以塑造与企业规模体量、地位作用、发展愿景相匹配的一流品牌为目标，创新品牌传播手段，提升品牌传播效能，坚定不移打造立得住、传得开、叫得响的央企品牌，为集团加快做强做优做大、实现高质量发展、建设世界一流企业贡献品牌力量。

紧扣主题、凸显特色，破圈传播增进品牌认同

通用技术集团把品牌建设置于推进中国式现代化大局中谋划，品牌传播主题紧扣国家主题主线，品牌传播落点结合集团自身业务特色，围绕庆祝建党百年、党的二十大、深入学习贯彻习近平新时代中国特色社会主义思想主题教育等重大主题，聚焦集团改革发展重大进展和经营亮点，开展了丰富的品牌传播实践，用中国故事和融媒体方式传播共同价值，推出了一批既有流量又有口碑的精品力作，奏响品牌时代强音。

"1951 年 5 月 1 日，在新中国成立后的第二个劳动节，在全国人民欢度节庆的喜庆气氛中，凝结着所有铸造者心血的新中国第一枚金属国徽正式悬挂在天安门城楼上……"为庆祝中国共产党成立 100 周年，国务院国资委和央视财经频道共同推出的纪录片《信物百年》中，通用技术集团晒出企业"传家宝"——新中国第一枚金属国徽，追溯红色印记，致敬百年风华。

《新中国第一枚金属国徽》以通用技术集团"不破楼兰终不还"，成功铸造出新中国第一枚金属国徽的故事为切入点，讲述了通用技术集团及所属成员企业 70 余年来秉承以"技术"为本的初心，传承敢为人先、开拓进取的精神品格，创造上百个新中国"第一"，突破一批高端数控机床关键技术难题的峥嵘发展历程，广泛传播了集团作为国内机床装备领军企业，在

建设世界一流高端机床装备集团征途中奋勇向前，持续贡献先进技术力量的良好品牌形象。通用技术集团从大处着眼、小处落笔，以"小故事"表达"大情怀"，彰显出中央企业的使命担当和价值引领。

党的二十大召开前夕，国家网信办、国务院国资委联合《人民日报》、新华社等主流媒体策划开展"坐标中国"网络主题宣传活动，遴选出党的十八大以来30个最具代表性的央企基础设施建设和科技创新重大成果。这些代表着国家最高水平的品牌产品及服务，彰显着中国品牌的活力与势能。通用技术集团机床板块纳米时栅项目成功入选。

时栅技术是我国自主研发的首创性成果，根据"时空转换"的思维方式提出了以"时间测量空间"的学术思想，实现了我国精密位移测量技术

纳米时栅产品

《精密之眼》获主流媒体转载报道

及器件的自主可控。通用技术集团推出纳米时栅主题宣传片《精密之眼》，以科普方式讲述纳米时栅的原理和作用，用"硬核干货"敲开受众心门。《精密之眼》宣传片在《人民日报》、新华社、中国新闻网、人民网等各大媒体平台推送，相关微博话题阅读量超过 3.6 亿次。纳米时栅的传播案例也成为通用技术集团 2022 年的传播"爆款"，在献礼党的二十大的同时动情讲述了通用技术集团牢记使命担当，自主创新、自立自强，推动新时代国有企业改革取得实质性突破的奋进故事。

倾听民声、关注民生，动人故事诠释品牌内涵

"好技术、好生活"是通用技术集团的品牌口号。脍炙人口的品牌口号，生动诠释了中央企业服务民生、服务人民美好生活的品牌内涵。作为以医疗健康为主业的三家中央企业之一，通用技术集团在"满足人们对美好生活向往"的前进路上，被赋予了更多责任与使命。近年来，通用技术集团积极践行健康中国战略，为人民群众提供集预防、治疗、康复、养老于一体的全方位全周期医疗健康产品和服务，通过挖掘和传播集团以高质

量医疗服务提升群众获得感、幸福感、安全感的品牌故事，传递"民生温度"，描绘"幸福刻度"，展现中央企业在推进中国式现代化新征程上的担当作为和具体实践。

通过标准化、规范化、连锁化的运营，通用技术集团在全国中小城市以及乡村地区，以"小通诊所"的统一品牌打造老百姓"家门口""单位里"的医院，满足人民群众多元就医需求，助推国家分级诊疗制度实施和医疗资源下沉。两年多来，"小通诊所"在全国如雨后春笋般全面铺开，从零家拓展至365家，遍及全国28个省市自治区、91个城市，服务覆盖超750万基层百姓，完成了从概念到实体的落地，受到社会各界的欢迎和广泛赞誉。

通用技术集团设计了具有辨识度的"小通诊所"品牌标识，推出了

通用技术集团推出遍布全国的"小通诊所"

"大眼小通护士妹妹" 品牌形象

"大眼小通护士妹妹"的品牌形象，聚焦"小通诊所"送医上门、流动医疗、空中急救、中医诊疗、健康义诊等多元化服务场景和内容，多角度、全方位发布宣传报道 2000 余条。《小通诊所——老百姓"家门口""单位里"的医院》获评国务院国资委 2022 年度国有企业品牌建设典型案例，有温度、有品质的"小通诊所"服务品牌逐渐深入人心。

2022 年新冠肺炎疫情在上海暴发后，一则老太太说"谢谢侬"的视频在网络流传。这是通用技术集团所属航天中心医院援沪医疗队收到的来自一位百岁老人的感谢。2020 年以来，通用技术集团闻令而动，向"疫"而行，所属医疗机构累计派出 166 人驰援武汉，222 人驰援上海，3 万余人参与全国各地疫情防控。集团第一时间统筹内外媒体平台开启抗疫相关新闻报道，其中，《我日产 3 万米防护服面料，谁能帮忙制成"战袍"？急等你来！》的文章阅读量达 15 万余次，微博 # 谁来帮忙制成战袍 # 话题阅读量近 500 万次，展现了通用技术集团团结一心、同舟共济的精神风貌，有力彰显了集团担当作为、守护百姓健康的抗疫"国家队"良好形象，助推集团品牌价值跃升。

会展为媒、借势发力，特色活动擦亮品牌名片

2023 年 5 月 10 日，第七个中国品牌日活动在上海开幕，通用技术品牌闪耀上海滩。装备制造、医药医疗健康、纤维新材料、海外工程服务等领域丰富展品，尽显"通用技术"品牌的新成色、新力量。

近年来，通用技术集团借助机床展、中国自主品牌博览会、服贸会、中国—东盟博览会、进博会、金砖展等展览展会平台，开展了一系列展览展示、市场公关、协同对接活动，品牌知名度、影响力进一步提升。

在第十七届中国国际机床展览会（CIMT2021）上，通用技术集团携旗下 7 家机床企业共同参展并首次以整体形象亮相。此后，集团机床板块企业频繁参加全国技能大赛、世界智能大会、中国国际装备制造业博览会等具有行业影响力的展会和赛事活动，以全新形象展示机床产业科技创新成果，"通用技术"品牌在机床行业的影响力和引领力显著增强。

2023 年服贸会上，通用技术集团打造了"以人为本的全业态、全方

通用技术集团亮相第十七届中国国际机床展览会

位、全生命周期大健康生态体系"展区，推出"通用健康"品牌。远程心电中心、脑组织通道测量分析仪、孤独症康复项目、阿尔兹海默症早期认知障碍筛查、深睡小屋、健康检测一体机、数字运动处方系统……一系列在医疗服务、健康管理、养老服务等领域的新技术、新服务、新方案展示了通用技术集团以健康为目标引领、以医疗服务为支撑、以全业态全方位服务为保障的大健康生态体系，"通用健康"的品牌影响力在不断扩大。

中国国际纺织纱线（秋冬）展览会、国际纺织机械展、俄罗斯国际产业用纺织品及非织造布展览会、越南胡志明纺织面料机械及制衣工业展会……通用技术新材旗下的"绿纤"品牌亮相各大行业展会，以全套莱赛尔纤维产业化自主知识产权为核心优势，通过构建 B+C 品牌链传播链、拓展终端产品、加强认证背书等方式，实现销量和市占率双增长。

守正创新、筑牢阵地，推动中国品牌走向世界

通用技术集团不断积极探索和发展对外宣传工作，坚持不懈讲好中国品牌故事，提升品牌美誉度，推动中国品牌走向世界。

2021 年，通用技术集团开通了脸书、推特账号，建立起以英文网站为中心，脸书、推特联动发布的立体式宣传矩阵，聚焦集团在孟加拉国、波黑、匈牙利等国的工程项目宣传工作成效，结合医疗援外工作讲好援外故事，围绕联合国中文日、世界微笑日、国际护士节等节日开展文化交流活动，累计发布了超过 500 篇帖文，总阅读量超过 2600 万次，互动量近 100 万次，点赞数超过 30 万次，脸书、推特的粉丝数突破 20 万，跻身中央企业海外社交账号前 10%。

通用技术集团持续创新国际传播方式和手段，以全球视野、中国情怀讲好通用技术故事，策划推出了《九年》《一个厨子》《丝路青年说》《手电筒下的手术》《我在乌兹别克斯坦做手套》《小医务室大改造》等双语短视频，以及宣传片、海报、组图等融媒产品，全方位展示集团积极促进对外

通用技术集团脸书、推特粉丝总量突破 20 万

交流、加强国际合作的成就和愿景，塑造多元化、国际化、负责任的通用技术国际形象。

品牌，让中国故事更响亮。通用技术集团注重发挥在舆论上的导向作用、旗帜作用、引领作用，讲好品牌故事，唱响品牌声音，激发出品牌的强大竞争力和深远影响力，助力集团在更广领域更高层次参与全球品牌竞争，加快建设成为世界一流企业，为以中国式现代化全面推进强国建设、民族复兴伟业作出积极贡献！

中国建筑：
以"中国建造"创建世界品牌

埃及新首都 CBD 项目

>>>>>>> **企业简介**

　　中国建筑集团有限公司（简称中国建筑）是我国专业化发展最久、市场化经营最早、一体化程度最高、全球规模最大的投资建设集团之一，在房屋建筑工程、基础设施建设与投资、房地产开发与投资、勘察设计等领域居行业领先地位，位列 2023 年《财富》世界 500 强第 13 位、中国企业 500 强第 4 位，稳居 ENR "全球最大 250 家工程承包商"首位，保持行业内全球最高信用评级。"中国建筑"品牌价值蝉联英国 BRAND FINANCE "全球品牌价值 500 强"行业首位、中国品促会"中国品牌价值评价"行业首位，位列国务院国资委中央企业品牌建设能力榜单第 7 位、行业首位。

　　中国建筑深入学习贯彻党的二十大精神，全面贯彻新发展理念，服务构建新发展格局，不断增强自主创新能力，着力推动高质量发展，加快建设"产品卓越、品牌卓著、创新领先、治理现代"的世界一流企业，全力服务中国式现代化。围绕"共建更加美好的世界"全球愿景，中国建筑秉承"拓展幸福空间"的企业使命，以高质量投资、建造和运营业务助力所在国经济和社会发展，在 140 多个国家和地区累计建设超过 8000 个工程项目，在全球打造中国建造名片、中国友谊名片、中国精神名片，以"中国建造"创建世界品牌、体现大国担当。

2014 年 5 月 10 日，习近平总书记在视察中国中铁装备集团时，作出了"推动中国制造向中国创造转变、中国速度向中国质量转变、中国产品向中国品牌转变"的重要指示。

作为全球规模最大的投资建设集团，中国建筑深入践行总书记"三个转变"重要指示，以创建"产品卓越、品牌卓著、创新领先、治理现代"的世界一流企业为牵引，全面贯彻新发展理念，坚持高标准、可持续、惠民生目标，始终致力于高质量共建"一带一路"，深入实施海外高质量发展战略，主动担当服务国家高水平对外开放的主力军，以"中国建造"创建世界品牌、体现大国担当。

十年来，中国建筑在共建国家实施了 2600 多项工程，境外业务累计签约超 2000 亿美元，ENR 国际承包商排名稳居前十，在全球塑造了"中国建造"国家名片。

以精益建造助力基础设施"硬联通"

聚焦制约当地发展的基础设施瓶颈，中国建筑高标准建设重点项目，携手沿线国家和地区完善当地基础设施、推动产业发展，构建起便利当地群众的民生服务网络，为"一带一路"沿线一批重大项目建设提供中国建造方案、贡献中国智慧。

位于巴基斯坦的 PKM 高速公路项目是"一带一路"重点工程、中巴经济走廊最大的交通基础设施项目、中巴友好合作的典型示范工程。中国建筑高品质建成 PKM 高速公路，打通了巴基斯坦中部南北交通大动脉。作为巴基斯坦首条具有智能交通功能的双向 6 车道高速公路，项目同时采用中国、巴基斯坦、美国三国规范，坚持高质量高标准推进建设。通车后，将巴基斯坦重要城市木尔坦和苏库尔两地通车时间从 11 个小时压缩至 4 小时以内，有力带动了沿线地区经济社会发展，加速推动"中巴经济走廊"建设和中巴两国交流。业主对项目全线进行验收检查时，验收团队一

巴基斯坦 PKM 高速公路

致评价:"PKM 项目是巴基斯坦进度最快、质量最好的高速公路工程。"项目赢得巴基斯坦政府"最高标准""建设典范"高度评价,为中巴建交 70 周年献上一份厚礼。

刚果(布)国家 1 号公路全长 535 公里,是连接该国首都布拉柴维尔到当地重要港口城市黑角的交通大动脉。这条刚果(布)等级最高的公路由中国建筑承建。项目建设者历时 8 年,穿过无人区,克服沿线虫蛇出没、运输不便、资源匮乏等重重困难,打通了封闭半个多世纪的马永贝原始森林,被当地人敬佩地称为"劈山的人"。项目通车后,布拉柴维尔到黑角的日通行量平均提高了 10 倍以上,90% 以上的重要物资、矿产、森林资源的进出口均通过这条公路运输,带动了当地 GDP 增长 69%。刚果(布)总统萨苏在通车仪式上寓意深刻地称 1 号公路为"通向未来之路",并盛赞

刚果（布）国家 1 号公路

斯里兰卡南部高速公路延长线项目

中国建设者"圆了刚果（布）几代人的梦想"。

斯里兰卡作为整个南亚次大陆的转口港，是世界海运航线重要枢纽。中国建筑高品质建设的斯里兰卡南部高速公路延长线项目是"21世纪海上丝绸之路"重要工程，打通斯里兰卡西部、南部交通经济大动脉，极大便捷科伦坡、汉班托塔两大港口贸易往来。斯里兰卡前总统马欣达表示："中国是斯里兰卡的真诚朋友，为斯里兰卡国家发展提供了巨大支持。"当地百姓真切感受到南部高速延长线项目为生活带来的变化，亲切地称之为"通向未来的致富路"。

以创新发展推进规则标准"软联通"

共建"一带一路"，既要高标准，更要可持续。中国建筑全面贯彻新发展理念，主动将ESG理念融入项目建设，利用智慧建造、节能减碳技术，提高项目建造效率和质量，最大限度保护所在地生态环境。

为推动惠及更多居民的城市空间优化与现代化进程，埃及政府计划建设新行政首都。埃及新首都CBD项目由习近平主席同埃及总统塞西共同见证签署，是迄今为止中资企业在埃及承建的最大项目，成为中埃共建"一带一路"合作的典范。项目总建筑面积62.8万平方米，主要包括10座写字楼、5座住宅楼和4座大型酒店，以及高达385.8米的"非洲第一高楼"标志塔。在这座"未来城市"建设中，中国建筑创新运用先进规划设计理念、智慧建造理念，应用自主研发的空中造楼机，并加大新技术、新材料、新工艺运用力度，创下了中东和非洲建筑史上多项施工纪录及绿色建造纪录。同时，秉承可持续发展理念，用新能源赋能绿色社区建设，在荒漠炎热的天气中帮助城市管理者合理分配能源资源，实现能源节约、排放减少，保护这片沙漠中的新绿洲。先进的建造技术焕发城市活力，创新的发展理念唤醒城市新生，埃及新首都CBD项目被埃及总理称赞为"中国正与埃及共同创造世界建筑史的奇迹"，被当地人民赞叹为"新时代的金

中国—巴新友谊学校·布图卡学园

字塔"。

　　2018 年 11 月 16 日，习近平主席在莫尔兹比港出席中国—巴新友谊学校·布图卡学园启用仪式，为学园揭牌。习近平主席指出，"人才是第一资源。中国援建布图卡学园就是为了帮助巴新培养人才"。布图卡学园由中国建筑承建，项目占地 5.06 万平方米。中国建筑整体采用装配式建造方式，工作效率提升 50% 以上，减少了 80% 的湿作业、50% 建筑垃圾，增加建筑使用空间 10% 以上。综合运用节地、节能、节水、节材、室内环境管理等五大绿色技术，在充分满足建筑功能及实用性的前提下使建筑本身更加生态环保，为巴新绿色装配式结构建筑带来借鉴性意义。巴新当地媒体 The Nation 记者在采访学校后表示："我看到了一个拥有绿色科技的现代化学园，还有老师和孩子们开心的笑脸。这所学校的建设，给了我们太多的惊喜。"在"一带一路"倡议下，布图卡学园建成后，已为当地解决了 3000 多名中小学生"上学难"的问题，成为南太平洋地区面积最大、功能最齐全、设施最先进的学校。

　　伊提哈德铁路项目是海湾铁路网络的重要组成部分，也是阿联酋的第

伊提哈德铁路项目

一条铁路，建成后将覆盖阿联酋主要工业中心、制造中心、物流中心、人口密集区和重要港口口岸。"伊提哈德"在阿语里有"团结"之意，它是一条由融合了多国家多民族的队伍建设起来的"团结"之路。铁路沿线的海岸和沙漠共同造就了周围独特的生态系统，存在多个阿联酋国家级生态保护区。为保护当地动植物生态多样性，中国建筑秉持绿色可持续发展理念，修建了70多个涵洞供动物穿行，开发了50多公顷鸟类觅食区，保护了珍稀鸟类和野生动物的生存空间，以实际行动积极承担环境保护责任，将这条"团结"之路建设成为发展之路、绿色之路。

以务实行动积极融入"心联通"

积极履行社会责任，是高质量共建"一带一路"、构建人类命运共同体的应有之义。中国建筑从"回报股东、满意客户、绿色发展、成就员工、合作共赢、引领行业、造福社会"等七大议题开展"建证幸福·全球行动"，致力于与利益相关方创造共享价值，共同实现可持续发展，以良好的企业品牌展示国家形象。

马哈拉佩位于博茨瓦纳首都哈博罗内以北约 200 公里，近年来，用水困难一直困扰着当地居民。原有的旧水厂每天只能处理约 16 万立方米生活用水，而居民用水量需求达 20 万立方米。2022 年，由中国建筑设计建设的马哈拉佩自来水厂升级改造项目正式移交给博茨瓦纳自来水公司，该项目新增了一组日处理能力 18 万立方米的设备。新建的澄清池有效减少了维护保养的时间和成本，增加了活性炭过滤工艺和二氧化氯消毒杀菌工艺，净水质量得到显著提升。项目完工后，整个水厂的日处理能力增加到 34 万立方米，基本

马哈拉佩自来水厂升级改造项目

内罗毕公园路保障房项目

可以满足当地未来 20 年的用水需求。

肯尼亚城市人口占总人口数的 22%，并以每年约 4.2% 的速度增长，对住房提出了更多需求。内罗毕公园路保障房项目是肯尼亚政府致力改善民生的第一个保障房项目，占地 3.2 万平方米，建筑面积 12.3 万平方米，包括 1370 套住房和相关配套基础设施。中国建筑高质高效推进项目建设，项目开工后，虽然受到新冠肺炎疫情影响，仍比合同约定时间提前交付。肯尼亚总统乌胡鲁·肯雅塔表示："内罗毕公园路保障房项目将成为肯尼亚

全国保障房建设的标杆,在全国范围内具有示范作用,为众多肯尼亚人的生活带来积极影响。"

在海外项目建设中,中国建筑积极推进属地化经营,员工本土化率达85%,每年稳定为所在国直接提供就业岗位 5 万余个,使用当地分包商、采购建筑材料带动当地经济发展,实现优势互补、合作共赢。打造以职业技能培训为核心、辅以企业形象与品牌传播的可持续发展行动计划"鲁班工匠计划"赋能人才成长,在埃及、阿联酋、马来西亚等 10 个国家建设"鲁班学院",累计为数千名外籍工程师、技术人员提供专业培训,对外传播中国建造技术及文化,带动当地经济发展,增强了共建国家人民获得感和幸福感。

顺境逆境看襟怀,大事难事看担当。在非洲、中东新冠肺炎疫情最严重时期,中国建筑累计选派 9 批、47 名医护人员,协助当地政府开展救治。打造"建证未来"海外志愿服务品牌,已累计在 32 个国家和地区开展责任实践 2600 余次,积极参与当地环保、公益事业,展现可信、可爱、可敬的中国企业形象。

十年栉风沐雨,十年春华秋实。共建"一带一路"源自中国,成果和机遇属于世界。面向未来,中国建筑将坚持以习近平新时代中国特色社会主义思想为指导,深入学习贯彻习近平主席在第三届"一带一路"国际合作高峰论坛开幕式上的重要讲话精神,将支持高质量共建"一带一路"的八项行动转化为具体落实举措,以发展新质生产力为重要着力点,致力"三个转变",打造中国品牌,以中国建造推进共建"一带一路"实现更高质量、更高水平的发展。

保利集团：

锤炼保国利民品格　　塑造追求卓越品牌

保利集团

>>>>>>>> **企业简介**

中国保利集团有限公司（简称保利集团）是经国务院、中央军委批准组建，由国务院国有资产监督管理委员会直接管理的大型中央企业。从军中走来，在改革中成长，在开放中发展，在市场中壮大，在新时代跃升。成立40年来，保利集团已发展成为一家业务范围涵盖人们衣食住行用和精神文化生活等方面的多元化企业集团，业务遍布国内100多个城市及全球近百个国家。保利集团贸易、地产、文化、科技、工程等多项业务处于行业引领位置，具有一系列"中国"字头的子企业和品牌，"保利品牌"获得广泛信任和高度认可。

目前，保利集团共有11家主要二级子公司，全资或控股企业2000余家，职工12.4万人，境内外控股上市公司5家，分别为保利发展控股集团股份有限公司、保利置业集团有限公司、中国海诚工程科技股份有限公司、保利联合化工控股集团股份有限公司、保利物业服务股份有限公司。

保利集团获评国务院国资委业绩考核A级12次，位列2023年《财富》世界500强第191位。2023年世界品牌实验室世界品牌500强第325位，2022年度中央企业品牌建设对标第16位，2022年度中国品牌价值评价榜单综合服务领域榜首，品牌价值达2111.89亿元。

上海保利大剧院

　　"推动中国制造向中国创造转变、中国速度向中国质量转变、中国产品向中国品牌转变"，2014 年 5 月 10 日，习近平总书记提出"三个转变"，为推动我国产业结构转型升级、打造中国品牌指明了方向。历经近十年的探索，保利集团用发展成就演绎"三个转变"生动实践，构建以品牌建设助力企业高质量发展的保利模式，品牌影响力和美誉度再攀新高，2023 年首次迈入中央企业品牌建设对标榜单并位列 16 位，在"2022 年中国品牌价值评价"中以 2111.89 亿元的品牌价值位列综合服务领域榜首，释放了以保利品牌为中心的精神价值、产业价值和社会价值，有力证明了"三个转变"的现实针对性、实践指导性和战略前瞻性。

从"保国利民"的文化厚度传承品牌精神价值

保利从军中走来,在改革中成长,在开放中发展,在市场中壮大,保利的历史与中国改革开放的时代历程同频共振,与社会主义市场经济体制的发展完善紧密相连。四十年来,保利人披荆斩棘、砥砺奋进,绘就了一幅"听党指挥、能打胜仗"的恢宏画卷,谱写了一曲中央企业逐浪市场的"长征组歌",这段发展历史和文化积淀成为保利人引以为傲、持续奋斗的最大底气和精神财富。

党的十八大以来,中国特色社会主义进入了新时代,保利各项业务再创新高,家族成员持续扩大,多元发展产业格局初步形成,实现了跨越式发展。"十四五"开局,保利再出发,根植于企业文化积淀提出了打造"高端、高质、高品,软硬实力并举,具有全球竞争力的世界一流企业集团"的战略愿景,系统升级了保利品牌文化战略体系,发布了以"保国利

7·15 保利品牌之夜

东莞保利时区

民、追求卓越"为使命、"美好生活领创者"为定位的品牌文化理念和视觉
形象体系，标志着保利品牌文化建设进入全新境界。

　　"保国利民"就是要服务国家、服务人民，这是保利使命的根本所在。
作为一家业务范围涵盖老百姓"衣食住行用"和精神文化生活的多元化央
企，保利始终胸怀"国之大者"，坚持"以人民为中心"的发展思想，以满
足人民美好生活需要为己任，大力践行国家战略，坚持不懈地将企业发展
融入国家发展大局，驰而不息地为增进民生福祉、改善人民生活品质贡献
力量，为国家的现代化建设和民族的伟大复兴贡献力量。"追求卓越"就是
要不断攀高、做到极致，这是保利使命的长远方向。作为国有资本投资公
司，保利坚持最高标准、最严要求，精心规划设计，精心雕琢打磨，不断
创新发展模式，不断提升核心能力，不断突破和创造奇迹，努力在各个领
域做到最好，努力打造行业领导者和标准制定者，努力成为高质量发展的
标杆典范，打造百年老店，永葆基业长青。

　　按照国务院国资委党委关于"中央企业品牌引领行动"的统一部署，

科技创新

　　保利集团以"品牌引领行动"为纲，一是推动品牌融入战略，将保利品牌
"十四五"规划作为集团"十四五"发展战略规划的重要支撑，一体化统筹
推进品牌战略与改革发展规划，制定品牌建设"13148"（一个中心、三个
导向、一个目标、四个卓著、八项任务）体系助力企业实现战略愿景。二
是推动品牌融入改革，将品牌引领行动方案与"保利改革深化提升行动"
有效衔接，细分成为七大方面、三十一项、六十条管理台账，一张表推
进，一幅图作战，改革发展中的品牌引领力显著增强。三是将品牌建设融
入文化认同，系统升级了保利品牌文化理念体系，围绕"保利品格"企业
文化体系、"保利品行"卓越行为识别体系和"保利品牌"一主多元品牌体
系，构筑"一个保利"共同品牌文化逻辑主线和认知框架，塑造多元化企
业统一的精神内核。

　　新时代的保利从文化到理念，锤炼"保利品格"精神坐标；从思想到
行为，践行"保利品行"步履风貌；从战略到市场，挖掘"保利品牌"价

值能量。基于品牌文化理念梳理提炼、品牌形象视觉规范统一、品牌架构有序搭建、品牌传播立体发声和保障机制有效协同五个立足点，全面升级"五位一体"品牌文化管理体系，推行全面品牌管理，打造"7•15"保利日超级符号，以"品牌之夜"活动聚合声量，传递保利品牌主张，提升保利品牌形象，让高质量品牌文化建设成为保利打造"世界一流企业"的持久动力，为企业高质量发展提供源源不断的精神动力。

从"追求卓越"的战略高度擦亮品牌产业价值

保利集团以"高端、高质、高品"为导向，推动企业目标、业务结构、资源配置全方位适配高质量发展的要求，增强产业链供应链韧性和竞争力，迈向卓越企业。近年来，保利积极开展央企重组整合，先后完成中轻集团、中国工艺集团、中丝集团、华信邮电和上海诺基亚贝尔等中央企业的重组整合，整合融合成效显著，综合实力、竞争力、影响力大幅提

保利物业以广州塔为起点，进驻了海珠区 18 条街道中的 10 条

矿山修复

升，充分释放协同效应。

聚焦于做强做优做实主业，保利持续夯实贸易、地产、工程、文化等传统主业行业优势地位。优化贸易，服务国家政治、军事和外交大局，持续高质量完成国家赋予的重大武器装备进出口任务，借助军贸溢出效益，积极响应国家倡议，彰显大国担当，助力"一带一路"沿线国家基础设施建设。升级地产，发挥行业龙头、责任央企的表率作用，带头落实国家"房住不炒""保交楼、保民生、保稳定"部署要求，顶住市场下行压力逆势生长，以"央企第一、行业第一"引领房地产行业加快转型发展，在全国打造城市封面地标，营造美好生活宜居地，连续 13 年获"中国房地产行业领导公司品牌"称号；构建涵盖 210 个城市、2089 个在管项目、176+ 万户业主的全国化物业服务布局，推出一网全时互联、需求及时响应、数字化一体闭环的雷达智慧服务系统，以"软基建""装配式"思路努力建设现代化服务业。做特工程，争当交通基础设施建设生力军，屡获詹天佑奖、鲁班奖，承建港珠澳大桥、深中通道等挑战世界难度、世界纪录的超级工

深中通道西锚碇、西引桥紧锣密鼓施工中

程，为粤港澳大湾区互联互通、珠三角协同一体打造"黄金通道"，在国家工程和城市地标中彰显保利价值。做强文化，践行"文化强国"战略，弘扬中国文化、讲好中国故事，联合出品《流浪地球2》《人世间》《封神》等出圈影视佳作，运营《只此青绿》《如梦之梦》《咏春》等现象级舞台艺术表演，在"中法文化之春"、博鳌亚洲论坛、消博会等国际文化窗口传递中国声音，为满足人民日益增长的精神文化需求搭建全球规模最大的直营剧院院线平台和拥有电影全产业链的影院平台，以根植于文化自信的态度持续领跑全球中国艺术品拍卖市场，焕新中华工美技艺，打造外事国礼，助力中华优秀传统文化创造性转化和创新性发展。

随着科技型企业的陆续并入，保利集团正式形成了以轻工、民爆、信息通信业务组成的科技板块，"十四五"期间提出"百千万亿"的发展目标，科技实力和科技能力显著提升。在战略新兴产业和未来产业重点领域,保利谋篇布局承担新一代移动通信和生物技术方向的 5 项战略性新兴产业攻关任务,牵头 9 项、承担 39 项未来网络、未来健康方向的未来产业攻关任务,抢占发展制高点。在加大科技成果转化力度上,保利 3 项科研成果成功入选《中央企业科技成果推荐目录》。在自主研发应用、填补国内技术空白方面,保利重大科技成果不断产出:载人航天器用导水纸助力"神舟十二号载人飞船"成功飞天;绿色纤维密封材料打破进口产品垄断局面;超低损耗光纤产品解决电力通信产业"卡脖子"问题;全自动平板纸包装机等装备产品解决了行业难点痛点;无人化民爆产品生产线系统创新突破全产业链的信息化、智能化管控;多项低生糖指数食品关键技术取得突破,持续提质"保利字号"的科技含量。

同时,保利以市场需求为根本,打造优势子品牌、产品、服务,积极布局健康养老、艺术教育、矿山修复等具有发展潜力的产业,积极服务国内国际"双循环发展"新格局。

从"领创美好"的责任温度创造品牌社会价值

保利集团围绕"责任为本 发展至上"的企业核心价值观,始终心怀"国之大者",在助力"双碳"、建设美丽中国的道路上踏绿前行,始终心系"民之所望",立足"美好生活领创者"的品牌定位,积极助力乡村振兴,坚持以人为本,践行公益服务,以保利温度点亮美好生活新希望。

在构建人与自然和谐共生上,保利全系统碳排量较"十三五"同期下降 31.16%,承建新加坡硫磺造粒项目,打造目前世界上单台最大处理能力的硫磺造粒机,获"2022 全球零碳城市实践先锋奖"金级表彰;大力发展生态环境治理业务,在河北唐山、山东荣成、海南海口接连打造样板工程,破解矿山修复难题,送健康给百姓、留产业给政府,变废弃矿山为绿水青山、金山银山;积极助力碳中和、碳达峰,自主研发的超低损耗光纤产品,助力北京冬奥会实现奥运史上首次 100% "绿电"。

宁蒗小学

在乡村振兴责任 IP 打造上,保利星火工程创办了"教育 + 就业"的帮扶模式,开设"星火班",联动境外就业培训,点对点畅通就业渠道,从根本上斩断贫困代际传递;启动"文化保利·润泽乡村"项目,为帮扶县安装具有 5G 传输功能的新式农村放映装备,丰富文化供给;在易地扶贫搬迁人数全国第二的贵州省册亨县,推出"保利是吾乡"物业服务品牌,破解新社区"服、管、治"等治理难题,助力共建共治共享;在宁蒗县重点资助设立的"贝尔班",连续 20 年升学率达到 100%,补齐当地教育短板。

在服务民生福祉上,保利集团发挥行业龙头、责任央企的表率作用,带头贯彻落实国家"房住不炒""保交楼、保民生、保稳定"的战略部署,以保持现金流稳健为核心,精准拓展、优化结构,顶住市场下行压力,实现地产业务逆势增长;积极探索房地产行业转型发展模式,引领带动产业

小小少年大梦想

保利星火工程

链上下游相关业务发展，延伸优化物业、养老、会展等地产相关子板块业务。其中，保利物业子板块由"小物业"向"大物业"、"硬空间"向"软基建"发展，开创超大型城市服务新模式；养老业务子板块建立"以机构为服务依托、社区为服务场景、居家为服务终端"的"三位一体"养老业务模式，保利北京和熹会项目正式获批国家级养老服务业标准化试点，为中国养老服务标准化建设提供了实践样板。

春华秋实又一载，砥砺奋进启新篇。迈向新征程，保利集团始终牢记"保国利民 追求卓越"的初心使命，深耕品牌精神价值、产业价值、社会价值一体三面高质量发展，加快建设有文化厚度、有战略高度、有责任温度的保利品牌，当好品牌文化的讲述者、传承者和践行者，全心全意满足人民日益增长的美好生活需要，为中国式现代化贡献保利品牌新力量。

理论文章

打造更多享誉世界的中国品牌

中国品牌建设促进会理事长　刘平均

2014 年 5 月 10 日，习近平总书记在河南郑州视察中国中铁装备集团时作出了"推动中国制造向中国创造转变，中国速度向中国质量转变，中国产品向中国品牌转变"的重要指示。在新发展阶段，结合贯彻新发展理念、构建新发展格局的新要求，如何进一步领会和掌握"三个转变"的精神实质？

我认为，"三个转变"这一重要论述是一个完整的理论体系，具有重大指导意义和时代意义，为新常态下中国经济发展建设指明了方向和目标。从制造到创造，从速度到质量，从产品到品牌，这一论述步步深入。质量是基础，创新是灵魂，品牌是目标，三者之间紧密联系、相辅相成，不可分割。

质量是基础，必须把发展质量摆在更加突出的位置

质量是创新和品牌的基础，质量更是兴国之道、转型之要。

党的二十大报告提出，要"加快建设制造强国、质量强国"。2023 年 2 月，中共中央、国务院印发的《质量强国建设纲要》明确指出，深入实施质量强国战略，加快传统制造业技术迭代和质量升级，推动工业品质量迈

向中高端。这不仅体现出国家对质量强国建设的高度重视，也反映出国家推动制造业高质量发展的信心决心。

党的十八大以来，我国质量强国建设取得历史性成效。全民质量意识显著提高，产品、工程、服务质量总体水平稳步提升，质量安全更有保障，一批重大技术装备、重大工程、重要消费品、新兴领域高技术产品的质量达到国际先进水平。

大型模锻压力机，是象征重工业实力的国宝级战略装备。中国机械工业集团有限公司自主设计制造的8万吨模锻压力机，一举打破了国外7.5万吨模锻液压机保持51年的世界纪录，拉开了中国航空装备制造赶超世界先进水平的序幕。

在大型储能设计、建设和研究领域，中国同样走在前列。2022年5月，中国能源建设集团有限公司设计的世界首个非补燃压缩空气储能电站——江苏金坛项目1号机组并网发电，该项目采用"盐穴＋空气压缩技术＋电力"的新技术，可实现全过程无燃烧、无排放，打造了一个"超级充电宝"，成为新型储能技术发展的里程碑事件。

中国建筑集团有限公司致力于高质量共建"一带一路"，携手沿线国家和地区完善当地基础设施、推动产业发展，在共建国家实施2600多项工程，在全球塑造了"中国建造"的国家名片。

......

然而，曾几何时，中国制造、中国产品却是低质廉价的代名词。回看21世纪初，中国产品质量监督抽查合格率只有75%左右，而美国、日本、欧洲在同一时期已经达到95%；2015年，中国产品质量监督抽查合格率达到了90%以上，而欧美发达国家已经高达98%。

也正因此，国家"十三五"规划提出质量品牌工程，把质量提升作为品牌建设的重点。2016年12月，《质量品牌提升"十三五"规划》正式发布，其着眼于提升供给质量，建设质量强国，充分发挥质量管理、品牌建设、计量、标准、认证认可、检验检测、监督执法、出入境检验检疫等职能作用，统筹布局、综合施策。

随着国家对质量工作的日益重视，尤其是《质量发展纲要（2011—2020 年）》印发以后，中国产品质量合格率总体水平不断上升，在发达国家率先进入全球品牌经济时代的同时，我国产品质量可靠性问题也已基本得到解决。

一般而言，品牌经济的价值内涵是不断发展的，可分为六个阶段：价格经济阶段、质量经济阶段、品牌经济阶段、绿色经济阶段、健康经济阶段、和谐经济阶段。

习近平总书记在中国还处在质量经济阶段的时期，就高瞻远瞩地作出了"三个转变"的重要指示。实际上，这"三个转变"就是指从质量经济阶段转变到品牌经济阶段，为中国下一步经济转型升级指明了方向。

创新是灵魂，必须把创新作为引领发展的第一动力

"质量"二字的分量毋庸置疑，但光有质量还是远远不够的。在满足消费者日益增长的美好生活需要中，创新作为提升产品性能和质量、提高产品附加值和美誉度的根本途径，也是企业加强品牌建设的底气所在。

30 余年前，日本家电产品因其高品质、可靠性享誉全球，更因其大胆变革、不断创新，走出了家用电器这个领域的世界知名品牌的成功之路。然而，进入 21 世纪，曾经风光一时的日本家电企业创新乏力，而中国家电品牌则从无到有、从小到大、从弱到强，从陪跑变为领跑，站在了世界舞台中央。1991 年，我率团前往日本进修标准化和质量管理，做梦也未曾想到中国家电行业能够取得今天这样优异的成绩。

由此也说明，创新是有连续性的。如果中国家电行业不能持续深入创新，同样有被其他国家超越的可能。

高铁是当今我国自主创新的一个成功范例，也是贯彻落实习近平总书记"中国制造向中国创造转变"最具说服力的成果之一。从引进、消化、

吸收再创新到自主创新，中国高铁惊艳世界，特别是轮轨、电气自动化、列控三大核心技术位居世界领先地位。中国中车集团研制的时速 350 公里的"复兴号"动车组更让中国高铁这张"金名片"愈发闪亮。

"地下钢铁巨龙"盾构机是助力隧道工程贯通的"大国重器"，也是中国央企品牌知名度和美誉度不断提升的又一典范。曾经，在重大工程施工中，我国盾构机一直依赖国外进口，但如今全球每 10 台盾构机中就有 7 台来自中国。在习近平总书记擘画的蓝图下，以中国中铁装备集团为代表的我国装备制造业的创新实践正不断升华。

由中国制造向中国创造转变，激发创新合力，关键是要推动企业加强具有自主知识产权的核心技术研发和应用，为打造更多中国品牌奠定坚实基础。在国际上，大国之间的竞争就是核心技术的竞争，谁掌握核心技术谁就能抢得先机，谁就能拥有持久的竞争力。

以中国电子信息产业集团有限公司为例，其瞄准前沿科技领域，塑造新优势新动能，造就了飞腾、麒麟、数据集团等一批在网信领域具有竞争力的"明星"企业，形成了从核心芯片、操作系统、整机到应用系统的网信领域全产业链竞争优势。

从实践来看，实现制造向创造这一转变，必须做到两点：一是从国家层面加大对知识产权的保护力度，创造一个知识产权良好的社会环境和经济环境。二是加大科研成果实现产业化工作力度。

核心技术创新之路无疑充满艰辛和坎坷，从发明专利开始到成功成为国际知名品牌，往往要经过一代、两代甚至几代人的努力。在此过程中，知识产权保护是核心技术企业做大做强，成为国际知名品牌的根本，这一点再怎么强调也不为过。

品牌是目标，必须把品牌作为核心竞争力的重要组成

品牌是企业乃至国家核心竞争力的综合体现，也是经济全球化中的重要资源。一个国家或地区经济崛起的背后往往是一批品牌的强势崛起。

努力提升中国企业的品牌价值和影响力，打造一批具有世界盛誉的中国品牌，不仅是我们在全球市场竞争中必须争夺的制高点，也是目前推进供给侧结构性改革，激发新的增长活力，全面提高我国经济发展质量的重要战略举措，具有非常重要的现实意义和深远意义。

党的十八大以来，党和国家高度重视品牌建设与培育工作，从政策、品牌保护、价值评价结果进入金融链条等方面，对品牌培育予以系列支持。早在 2016 年，有关部委就批准设立了"品牌价值提升工程"重大专项，针对我国一、二、三产业各领域品牌建设的不同特点，研究影响我国品牌价值提升的基本要素、条件和环境，构建我国品牌产生、发展和成长的机制，探索我国品牌培育、品牌价值提升的方案和路径。

在习近平总书记作出"三个转变"重要指示的第二年，作为第十二届全国政协委员，我围绕加强品牌建设提交了一份提案。全国政协经济委员会有关领导表示，该提案对转变经济发展方式、落实"三个转变"指示精神具有重要意义，因此以这件提案为基础，将其提升为《关于实施品牌战略推动中国制造向中国创造转变》的集体提案，并作为全国政协经济委员会唯一一件集体提案提交给全国政协进行审议。这一次，该集体提案被全国政协提案委员会列入前三名，得到极大重视。

2016 年 1 月，主题为"加快推进品牌建设"双周协商座谈会在京召开，我作为主要提案人首个发言。会上，我和诸位参会代表共同提出设立"中国品牌日"、成立"中国品牌研究院"、设立"品牌发展基金"、"加强品牌知识产权保护"等六个方面的建议。

2017 年 4 月，为纪念习近平总书记作出"三个转变"重要指示的日子，国务院批准将每年 5 月 10 日确定为"中国品牌日"，以此来提升全社会品牌意识，培育和宣传我国品牌正能量，让优秀品牌引导消费，拓展市场，推动中国品牌走向世界。

中央企业是国民经济的骨干和支柱，是中国品牌形象的代言人。近年来，中央企业积极发挥品牌引领作用，大力实施品牌战略，着力提升品牌管理水平，不断形成品牌竞争新优势。

以中国最大的市场化粮油企业中粮集团为例，其通过长期聚焦粮、油、糖、棉、肉、乳、酒、饮料、茶叶等基本民生消费领域，相继铸就了"福临门""长城""蒙牛""酒鬼""家佳康""中茶"等一系列大众耳熟能详的"中粮品牌家族"，成为国人餐桌常备。

作为一家业务范围涵盖老百姓"衣食住行用"和精神文化生活的多元化央企，中国保利集团有限公司则从"保国利民"的文化厚度传承品牌精神价值，在"2022年中国品牌价值评价"中以2111.89亿元的品牌价值位列综合服务领域榜首。

总的来说，中国企业体量规模和整体实力持续增强，品牌知名度和美誉度不断提升。

世界一流企业必须有世界一流品牌。2022年2月，中央全面深化改革委员会审议通过的《关于加快建设世界一流企业的指导意见》明确将"品牌卓著"作为世界一流企业的基本特征之一。下一步，中央企业要继续增强品牌意识，共同关注品牌、培育品牌、保护品牌，让央企品牌全球认知度、认可度、认同度显著提高。

品牌日走向世界，更多中国元素融入全球品牌评价

习近平总书记高度重视品牌建设，多次提出明确要求，为中国品牌建设指明了方向与路径。2019年，习近平总书记提出要"推动优质产能和装备走向世界大舞台、国际大市场，把品牌和技术打出去"。2021年，习近平总书记在武夷山市考察时又进一步作出了"要强化品牌意识"的重要指示。2022年，《中华人民共和国国民经济和社会发展第十四个五年规划和2035年远景目标纲要》则在多个篇章提及"品牌"，明确提出要"开展中国品牌创建行动"。

品牌的发展壮大，离不开品牌评价体系的建设。在习近平总书记一系列品牌建设精神的指引下，中国为全球品牌评价理论体系、标准体系、评价发布体系做出了重要贡献。

一是中国联合美国国家标准化机构、德国国家标准化机构，创新了"品牌价值发展理论"。过去，品牌评价只有一个品牌指标——财务指标。中国的贡献是率先提出增加"质量"和"服务"两个评价指标，而德国补充了"技术创新"，美国补充了"无形资产"，加上已有的"有形资产"（包含财务指标），三个国家就共同完成了当代品牌价值发展理论的创新，并且得到全世界认可。

二是在"五要素"理论基础上，中国和美国向国际标准化组织（ISO）提交联合提案，推动成立国际标准化组织品牌评价技术委员会。2014年，ISO中央秘书处正式批准成立"国际标准化组织品牌评价技术委员会（ISO/TC289）"，中国担任秘书国。秘书国具有组织、主导、制定国际品牌评价标准的义务和职能。

三是由中国、奥地利牵头，会同各成员国家，以"五要素"理论为核心的品牌评价国际主标准ISO：20671《品牌评价，基础与原则》于2019年正式颁布实施，为世界各国的品牌建设及国际品牌评价提供了标准依据。2023年4月，由中国担任项目组长制定的分类评价国际标准《品牌评价 地理标志相关产品》（ISO20671-3:2023）国际标准发布，进一步为国际农业区域品牌建设提供了标准依据。

四是组织成立了社会公益性国际组织"国际品牌科学院"。2016年中国、美国和英国签署合作协议，联合发起成立国际品牌科学院，旨在为世界不同体制的国家建立科学公正的品牌评价理论体系、标准体系、发布体系，并支持在世界各国的优势产业设立国际品牌中心。

目前，我们的国家品牌评价标准体系已经建立，中国品牌价值评价信息发布有41个国家标准作为支撑。截至目前，中国品牌价值评价发布秉承科学、公正、公开、公认的准则，已连续成功发布十次，得到了国内外的高度评价和认可，这说明我们的路子走对了。

准则中的科学，体现在按照国际标准制定的评价标准；公正，体现在不向企业收取任何费用；公开，体现在从企业申报、数据分析到向社会公布的公开透明；公认，体现在评价信息发布后社会的充分肯定。

但仅仅依靠国家发布，还不能满足成千上万各类商品传播正能量的需要。根据统计，已发布的十次品牌评价覆盖了 2000 个左右的品牌，数量有限，我们国家还有大量省一级名牌、市一级名牌。建立国家、省、市、行业评价发布体系和机制，中国优秀品牌可以达到 8 万至 10 万个，基本覆盖了所有的消费领域。因此，下一步应该加快建立国家、省、市以及行业的评价发布体系和机制。

建立科学公正的品牌价值评价机制，提升国际话语权，对中国品牌走向世界具有重要作用。为助力中国品牌在国际竞争中占得高地，加强中国品牌的产业集群化，达成中国品牌价值评价发布和国际一致性至关重要。

在 Interbrand（全球知名综合性品牌咨询公司）发布的全球最有价值品牌 100 强中，2014 年，华为跻身第 94 位，为我国实现了榜单零的突破。截至 2023 年，中国上榜的也只有小米和华为两个品牌。

这种状况与我国经济规模和国际地位极不相称，一方面，反映出我国经济发展质量同发达国家的差距；另一方面，也反映出国际品牌价值评价科学性不够和我国没有话语权的问题。

我始终认为，不同体制的国家采用同一种评价模型，是不科学、不合理的。发达国家与发展中国家企业发展模式的不同之处在于：欧美企业往往通过对几十个、甚至上百个企业的并购做大做强，逐渐形成世界级的跨国集团；而发展中国家的国有企业受体制、机制限制，很难通过合并的方式实现强强联合。例如，美国进入世界品牌 100 强的企业平均经历过 22 次兼并、平均拥有 200 多个知名品牌，瑞士的雀巢集团品牌拥有量更是多达1800 多个。所以制定一套科学、公正的品牌评价国际标准对中国品牌走向世界有重要意义。

为了解决不同体制的国家共同参与评选的公平性问题，我们提出由发达国家的集团和发展中国家的产业集群共同进行评价。现在，中国有 62 个具备国际优势的品牌集群，包括高铁、蒸馏酒、消费类电子产品、新能源动力车、电力等等。未来，我们主导发布世界品牌一百强就将以此为标准进行评价，推动全球品牌发展。

中国在为全球品牌评价作出贡献的同时，也为中国品牌走向世界构建了良好的路径。最近中国主导制定的地理标志区域品牌的评价标准已经发布，与此同时，和世界旅游组织共同推动的旅游目的地品牌评价标准正在研究制定中。这两个分类评价的国际标准均由中国担任项目组长。

鉴于中国为全球品牌建设作出的突出贡献，2023 年 12 月 1 日召开的国际标准化组织品牌评价技术委员会（ISO/TC 289）第九次全体会议通过决议，将 5 月 10 日中国品牌日确定为世界品牌日，这无不得益于习近平总书记"三个转变"重要指示的深刻影响。

2024 年 5 月 10 日，是习近平总书记做出"三个转变"重要指示十周年，也是首个世界品牌日，相信在中国企业的共同努力下，未来将有更多中国品牌特别是央企品牌享誉世界。

"三个转变"开启中国高质量发展新征程

全国政协常委、中国企业财务管理协会会长　张连起

习近平总书记在党的二十大报告中庄严宣示:"从现在起,中国共产党的中心任务就是团结带领全国各族人民全面建成社会主义现代化强国、实现第二个百年奋斗目标,以中国式现代化全面推进中华民族伟大复兴。"

推进中国式现代化,必须走高质量发展之路。高质量发展是全面建设社会主义现代化国家的首要任务,是中国式现代化的本质要求之一。实现高质量发展的路径是什么?我认为,就是要着力推动落实习近平总书记提出的"三个转变":推动中国制造向中国创造转变、中国速度向中国质量转变、中国产品向中国品牌转变。

国有企业作为我国先进生产力、国家综合实力和国际竞争力的代表,在推进实现我国现代化的历史进程中,地位重要、作用关键、不可替代,必须通过"三个转变",加快打造一批引领科技和行业产业发展、具有全球竞争力的世界一流企业,在推进中国式现代化建设中谱写国有企业发展新篇章。

创新创造浪潮奔涌向前

思想走在行动之前,就像闪电走在雷鸣之前。

党的十八届五中全会明确提出"创新、协调、绿色、开放、共享"五

大发展理念,为我国今后更长时期的发展指明了方向。贯彻新发展理念,就要使创新成为第一动力,协调成为内生特点,绿色成为普遍形态,开放成为必由之路,共享成为根本目的,从量的积累转向质的飞跃,从体量优势转向质量优势,努力实现更高质量、更有效率、更加公平、更可持续、更为安全的发展。

制造业是立国之本、强国之基,是国家创造力、竞争力和综合国力的重要体现。我国是国际公认的制造业大国,拥有全世界最全的工业门类。在新发展阶段,推进制造业高质量发展是巩固制造业竞争优势、推动制造业向全球价值链中高端迈进的必然要求,也是提升产业链供应链稳定性、确保产业安全的战略选择,对建设制造强国、质量强国,推动经济高质量发展具有重要意义。

在"三个转变"中,推动中国制造向中国创造转变是具有根本性的转变,而实现这个转变的关键在于科技创新。近年来,中国企业在创新方面奋起直追,取得的成绩令世界瞩目。

中国电科着力激发创新活力,努力打造科技自立自强的大国重器,保障国家重大工程任务。从神五到神十七,作为我国载人航天工程副总指挥单位,中国电科编织了一张覆盖海陆空的通信测控网,对飞船的测控覆盖率由地基系统单站测控的15%提高至100%,实现中低航天器轨道覆盖率近100%。

中国五矿以科技创新之力弘矿业报国之志,成功研制出直径0.01mm的全球最细极小径铣刀,利用这种铣刀在一根头发丝上能够铣出7个字母,在一粒米上成功铣出56个汉字,突破了微型精密刀具的"卡脖子"技术,在全球同行业中实现了从起步、跟跑、并跑到领跑的跨越。

如今,广大国有企业已将科技创新摆在"头号工程"的重要位置,苦干实干、接续奋斗,在科技创新领域发挥了引领作用。

随着数字时代的来临,以A(人工智能)、B(区块链)、C(云计算)、D(大数据)为代表的新技术正在深刻影响传统制造业乃至经济社会的发展,中国制造必须抢抓新技术、新科技发展新机遇，积极推动制造数字化和数字化制造，实现中国制造向中国创造的转型升级。

国有企业要进一步实施创新驱动发展战略，强化自主创新，集中力量在关键核心技术攻关上不断取得新突破。锻造引领全球行业技术发展、积极参与国际标准制定、在全球产业发展中具有重要话语权和影响力的领军企业，把大国重器真正掌握在自己手中。同时，加强技术开发与集成、装备研制及大规模应用，以技术创新打造产品优势；精心构筑创新平台，集聚人才、技术、市场和各类企业，整合配置创新资源，争当自主创新的先锋，切实发挥"共和国长子"在创新中的核心作用。

国有企业还要发挥企业家的创新精神，鼓励企业家做创新发展的探索者、组织者、引领者，勇于推动生产组织创新、技术创新、市场创新，重视技术研发和人力资本投入，有效调动员工创造力，努力把企业打造成为强大的创新主体。

挺起高质量发展"硬脊梁"

如何理解和实现中国速度向中国质量转变？

新时代我国经济发展的基本特征，是由高速增长阶段转向高质量发展阶段，发展方式从规模速度型转向质量效率型。高质量发展是一个复杂的系统工程。习近平总书记强调："高质量发展不只是一个经济要求，而是对经济社会发展方方面面的总要求，不是一时一事的要求，而是必须长期坚持的要求。"

推动高质量发展，国有企业应当切实肩负起经济、政治和社会责任。在当前经济面临较大发展压力的背景下，广大国有企业以高质量增长作为发力点，加大布局优化结构调整、加大资源配置效率力度，更加关注功能使命性改革，提升质量效率和对国家战略的支撑作用。

国家能源集团不断加快绿色低碳转型的步伐，2021年1月至2023年

11月，累计投产电力装机5280万千瓦，其中清洁可再生能源达到3528万千瓦，占比超过65%。可再生能源装机容量历史性突破1亿千瓦，成为引领企业发展和绿色转型的主力。

2023年3月8日，被誉为中国"争气机"的我国首台全国产化F级50兆瓦重型燃气轮机商业示范机组正式投入商业运行，东方电气集团以实力填补了我国自主燃气轮机应用领域空白，为清洁能源领域提供自主可控全链条式的"中国方案"。

中交集团深耕智慧化转型，成为首个入选开放BIM国际组织建筑智慧国际联盟的中国企业，着力推广交通工程基础设施数字化建模，率先探索智慧运输、无车承运等新兴业态，建成了全国首条智慧高速公路杭绍甬高速公路、全国首条智慧隧道太湖隧道等一批智慧高速公路、全自动码头、智能港航、智慧轨交示范项目。

……

牢牢把握高质量发展这个首要任务，关键是结合自身特色，发挥自身优势，把高质量发展理念落到实处、落在深处、落到细处。

国有企业要深入开展质量提升行动，把质量立企、工匠精神作为文化固定下来并传承下去，使企业产品成为行业高质量发展的标志。通过开展充分有效的市场竞争，推动资源向优质产品集中，逐步形成一批有长期稳定国际竞争力的高质量产品。要把绿色发展作为提高质量的重要内容，加快全方位绿色转型，使绿色低碳成为高质量产品和服务的重要特征。不断提高投入产出效率，推动企业理念、目标、制度、组织全方位适应高质量发展的要求。着力打造智慧产品、智慧服务，打通企业生产、销售、服务全流程，使企业由数量扩张和价格竞争转向质量提升与差异化竞争。

实现高质量发展，要健全与高质量发展相适应的体制机制，破除制约发展的深层次障碍。要完善国有企业法人治理结构，把加强党的领导和完善公司治理统一起来，处理好党组织和其他治理主体的关系，形成各司其职、各负其责、协调运转、有效制衡的公司治理机制；进一步建立健全灵活高效的市场化经营机制，完善管理人员选用和退出机制，建立健全差异化薪酬分配制度；有效发挥国有资本投资、运营公司的功能作用，在授权经营、结构调整、资本运营、激发活力和服务实体经济等方面调整职能定位。

夯实建设现代化产业体系根基

党的十九大强调，我国经济已由高速增长阶段转向高质量发展阶段，正处在转变发展方式、优化经济结构、转换增长动力的攻关期，建设现代化经济体系是跨越关口的迫切要求和我国发展的战略目标。这是首次在党的报告中提出"建设现代化经济体系"，我们该如何理解？

现代化产业体系是现代化国家的物质技术基础。在当今世界百年未有之大变局加速演进、我国迈入全面建设社会主义现代化国家新征程的大背景下，加速打造现代化产业体系，不断提升产业基础能力和产业链现代化水平，加快培育具有国际竞争力的战略性新兴产业和产业集群，形成创新能力强、完整有韧性的产业链供应链，对全面建成社会主义现代化强国具有重大意义。

作为国民经济发展的"顶梁柱""压舱石"，国有企业应积极服务国家重大战略，扎实推进基础固链、技术补链、融合强链、优化塑链，带动各类市场主体参与现代化产业体系建设，向产业链价值链中高端迈进，有效维护产业链供应链安全稳定。

以高速动车组为例，其涉及原材料、电子电器、精密仪器等10多个行业，全产业链企业遍及全球13个国家和地区，涉及全国20余个省市、100多个地市，2100余家核心配套企业。今天中国高铁行业以中车为主体，50余家高校和科研院所、30余家央企、2000余家产业链上下游企业协同攻关，打造了一支科技创新联合舰队。

中国海油在设计、建造"深海一号"能源站过程中，创建的"科研联合体""创新联合体""技术共同体"的发展模式被推广开来，用在国产深水水下生产系统、国产海上透平发电机等多个领域，促成了首套国产500米级深水水下生产系统、水下井口等系列装备的成功问世，并取得了良好的实践效果，把此前未曾涉足的"技术新区"逐步转变为由中国企业充分参与的创新热土。

立足新发展阶段，如何进一步发挥国有企业在建设现代化产业体系中的引领带动作用，筑牢"三个转变"的产业根基？

在关键核心技术攻关上勇挑重担。充分发挥新型举国体制优势，围绕基础研究和应用基础研究、"卡脖子"关键核心技术攻关、前沿性颠覆性原创技术研究，不断加大研发投入，带动产业链上中下游企业共同参与，打造创新联合体升级版，大力推进科技攻关，努力掌握更多拥有自主知识产权的关键核心技术。

在发挥科技创新主体作用上敢打头阵。围绕产业链部署创新链，加强各类创新资源统筹，以原创技术策源地建设为依托，牵头构建以企业为主体、市场为导向、产学研深度融合的科技创新体系，主动与高校、科研院所和民营企业建立多种形式合作关系，健全科学合理的利益分配机制，发挥市场对技术研发方向、路线选择、各类创新要素配置的导向作用，促进创新链条有机衔接、创新效率大幅提高。

在科技成果转化应用上主动作为。充分发挥国有企业集成创新、组织平台等优势，建设一批概念验证和中试平台，主动开放应用场景，探索在重大项目、重点工程谋划阶段明确自主可控目标，积极应用首台套、首批次、首版次技术产品，在应用过程中不断促进技术产品的完善和迭代升级，加快科技成果向现实生产力转化，不断打通从科技强到企业强、产业强、经济强的通道。

用品牌照亮世界一流企业创建之路

品牌是生产者和消费者共同的追求，是供给侧和需求侧升级的方向，是企业乃至国家综合竞争力的重要体现。2017年，国务院批准将每年5月10日设立为"中国品牌日"，这标志着发挥品牌引领作用上升到前所未有的高度，也意味着"中国品牌"将成为中国对外的国家标志。

国有企业的发展战略应包含品牌战略重要内容，核心是品牌愿景、品牌定位、品牌架构、品牌核心价值等。要结合企业总体发展战略、文化传承等因素，加强顶层设计，制定或完善适合本企业、具有独创性和吸引力的品牌战略，促进品牌建设与业务发展协同推进，努力打造出高附加值的尖端产品和国际知名的高端品牌。

党的十八大以来，习近平总书记对品牌建设作出一系列重要指示批示，强调要"加快建设一批产品卓越、品牌卓著、创新领先、治理现代的世界一流企业"，为中央企业品牌建设工作指明了前进方向，提供了根本遵循。

作为全球最大的钢铁企业，中国宝武积极探索出品牌全生命周期管理的"道、法、术"，让"宝武出品，必是精品"的"金字招牌"备受认可，让宝武的"绿色名片"深入人心，让"高科技宝武"形象改变大众认知。

三峡集团通过媒体、舆论和形象三个维度的品牌建构，白鹤滩水电站及"世界最大清洁能源走廊"的品牌形象得以牢固树立、广泛传播、深入人心，成为开展重大工程品牌建设的积极探索和实践。

中国特色现代企业制度是加快建设世界一流企业的重要制度基础。现代企业制度是各国市场经济的基本成分，具有鲜明的国别和时代特征。习近平总书记指出，"建立中国特色现代国有企业制度，要立足我国国情，不要生搬硬套外国的做法。公司治理本来就没有放之四海而皆准的模式。"

当前，建设世界一流企业需要在"如何做"之"术"的基础上进行"道"的指引，我理解，"道"的显性层面是中国特色现代企业制度，而隐性层面则是中华优秀的传统文化。

建设世界一流企业，必须坚持大道行天下，打造有梦想有情怀、引领时代潮流、制度治理型的企业；必须坚持明德笃行，要明大德、守公德、严私德，打造党和人民最值得信赖、服务人民造福社会、遵纪守法风清气正的企业；必须坚持大同共赢，要有涵养天下一家、世界大同的胸襟和气度，恪守全人类共同价值，坚持合作共赢共同发展，致力共同应对风险挑战，充分展现全球化企业和一流企业的格局与担当，这些便是中华优秀传统文化的"道"，即行大道、明大德、谋大同。

国有企业需要将中华优秀传统文化纳入中国特色现代企业制度，形成能够引导众多企业坚持长期主义，谋求经济价值和社会收益和谐共生的中国式现代化的企业管理"密码"，形成能够引领全球化企业可持续发展的"中国管理方案"。

与此同时，加快建设具有全球竞争力的世界一流企业也是构建双循环新发展格局的重要一环，能够夯实双循环新发展格局的微观基础。"双循环"战略并不是一个权宜之计，而是中国经济从高速增长迈向高质量发展关键阶段的强国方略，不是因个别国家企图与我脱钩、对我围堵而迫不得已的内敛收缩，而是筹划以更深层次的改革、更高水平的开放加快形成内外良性循环的战略抉择。

近年来，在高水平对外开放、共建"一带一路"倡议引领下，国有企业积极把握国内国际双循环发展契机，加快对接国际市场，把"引进来"和"走出去"相结合，用其实际行动打造高水平对外开放的新样板。特别是共建"一带一路"倡议提出以来，国资央企积极响应，在 140 个共建国家参与投资合作项目 5000 多个，金额超过万亿美元，在推动共建国家互联互通、经济社会发展、民生改善等方面发挥了重要作用。

广大国有企业要利用好国际国内两个市场、两种资源，为构建开放型经济提供助力。在开放合作中实现共同发展，积极与各类所有制企业在产业整合、转型升级、股权投资、科技创新、人才培养等方面进行深入合作；要切实提升全球资源配置的能力，抓住"一带一路"建设等重大机遇，不断完善自身产业链、价值链、创新链的全球化布局，推动技术、管理、金融等资源的全球化配置，把对外投资与国内设备、服务、技术、标准的全方位"走出去"结合起来，加快形成面向全球的生产服务网络，不断创造国际合作竞争新优势；要充分利用我国产品性价比高、建设能力强等优势，主动对接国际市场需求，积极参与全球竞争与合作，实现企业发展水平的跃升。

2024 年是中华人民共和国成立 75 周年，是落实"十四五"规划推动高质量发展的关键之年，也是习近平总书记提出"三个转变"重要指示十周年。站在历史赋予的这一新起点，广大国有企业要在"三个转变"重要指示指引下，始终胸怀"两个大局"，切实增强责任感使命感紧迫感，更好发挥科技创新、产业控制、安全支撑作用，为推进制造强国、质量强国、品牌强国建设作出更大贡献，在下一个十年创造更大辉煌。

深入践行"三个转变" 建设世界一流企业

中国中铁党建工作部、"三个转变"研究院

2014 年 5 月 10 日，习近平总书记在视察中国中铁装备集团时，作出了"推动中国制造向中国创造转变、中国速度向中国质量转变、中国产品向中国品牌转变"的重要指示，为引领中国制造高质量发展和打造中国品牌指明了方向、明确了目标、坚定了信心。2017 年 4 月 24 日，国务院批准将每年 5 月 10 日设立为"中国品牌日"。九年来，在国务院国资委的正确领导下，中国中铁认真践行"三个转变"重要指示，特别是 2020 年以来与国务院国资委连续四年共同举办相关活动，推动"三个转变"重要指示在国资央企落实落好，取得一系列重大成果。2022 年 2 月 28 日，习近平总书记在中央全面深化改革委员会第二十四次会议上提出，"加快建设一批产品卓越、品牌卓著、创新领先、治理现代的世界一流企业"。这 16 字标准与"三个转变"重要指示一脉相承、内涵深刻，为企业实现高质量发展提供了根本遵循。

准确把握"三个转变"与建设世界一流企业的内在联系

"三个转变"重要指示与建设世界一流企业重要论述，是习近平总书记深刻洞悉世情国情和经济新常态的时代特征，把握经济社会发展基本规律，作出的重大理论创新，为企业解决现实问题和结构性矛盾、实现做强做优做大、走好新征程提供了行动指南。

（一）"三个转变"与建设世界一流企业具有共同目标。企业是财富创造的基础，是促进经济发展的基石。世界一流企业是国家在世界经济体系话语权和世界产业链主导权的决定力量。习近平总书记"三个转变"重要指示与建设世界一流企业重要论述都是习近平经济思想的重要组成部分，都以实现企业的高质量发展为共同目标。目的就是要激发各类市场主体活力，充分发挥企业在全面建设社会主义现代化国家、实现第二个百年奋斗目标进程中的支撑作用，为实现中华民族伟大复兴的中国梦奠定更加坚实的基础。

（二）"三个转变"是建设世界一流企业的必由之路。世界一流企业要在运营效率、品牌建设、国际化程度和现代管理等方面处于领先地位。"三个转变"正是解决企业改革发展深层次矛盾问题的根本途径。推进"三个转变"，能够强化企业的创新主体地位，打造具有全球竞争力的中国产品和中国品牌。只有率先实现"三个转变"，才能在根本上实现产品卓越、品牌卓著、创新领先、治理现代。

（三）建设世界一流企业是"三个转变"的实践标准。建设世界一流企业的16字标准是衡量"三个转变"实践水平的标尺。产品卓越是世界一流企业的基础，也是"由中国速度向中国质量转变"的重要标志；品牌卓著是世界一流企业的重要体现，也是"由中国产品向中国品牌转变"具体目标；创新领先是引领发展的第一动力，治理现代是企业实现创新发展的体制保障，二者是"由中国制造向中国创造转变"的基本支撑。建设世界一流企业为践行"三个转变"提出了鲜明的目标和标准体系。

切实把"三个转变"转化为建设世界一流企业的生动实践

作为"三个转变"重要指示的发源地，中国中铁始终牢记嘱托，切实把"三个转变"重要指示转化为建设世界一流企业的生动实践。2022年，公司新签合同额30323.9亿元、同比增长11.1%，营业总收入11543.6亿元、同比增长7.6%，净利润349.7亿元、同比增长14.8%。实现中央企业年度业绩考核"10连A"和任期经营业绩"5连A"。连续18年进入世界500强，排名39位。

（一）紧紧抓住自主创新这个关键，培育建设世界一流企业的新动能。自主创新是企业核心竞争力的源泉。作为全国首批创新型企业，中国中铁大力实施创新驱动战略，不断强化自主创新能力。坚决打赢核心技术攻坚战。全面系统掌握了高速铁路勘察设计施工及关键装备制造成套技术，铸就了高铁这个我国自主创新的成功范例。攻克了盾构主轴承、控制系统等"卡脖子"技术，为民族盾构装上了"中国芯"，研制的"彩云号"硬岩掘进机、世界首台桩梁一体架桥机"共工号"先后入选央企十大国之重器，自主研制的盾构机远销世界30多个国家，产销量连续6年世界第一。努力打造原创技术"策源地"。聚焦国家重大需求，在智能高铁、智能高速公路、智慧城市、高端装备制造等方面，加快突破一批前沿技术，加快锻造一批长板技术。累计获得国家科技进步和发明奖127项，其中特等奖5项、一等奖16项。全断面隧道掘进机、桥梁用钢结构、道岔、电气化铁路接触网、架桥机等五项产品荣获制造业单项冠军。充分发挥企业创新主体作用。实施人才强企战略，构建"六支人才队伍建设＋四大人才专项工程"的长效培养发展体系，自主培养一批顶尖科技人才，培养更多高素质创新团队。深入推进"科改示范行动"，积极与国家攻关计划对接，联合产业上下游、产学研力量，加快技术突破、产品制造、产业发展的"一条龙"转化，提升创新整体效果。中国中铁4家"双百""科改"企业在国务院国资委专项考核中获得"3标杆、1优秀"的优异成绩。

（二）努力夯实提质增效这个基础，激发建设世界一流企业的新活力。质量是企业立身之本，管理是企业生存之基。中国中铁紧紧围绕高质量发展，开展提质增效行动，夯实企业发展基础。以管理水平提升带动质量提升。深入开展国企改革三年行动，以改革推动管理变革、质量提升。把质量立企、工匠精神作为文化融入管理，形成"匠心品质 精心建造"的质量理念。坚持"一切工作到项目"，开展项目管理效益提升三年行动，聚精会神抓管理。大力推广应用数字技术和智慧建造，进行生产流程再造和管理变革。全力提升中国建造品质。坚持"中国建造、铁肩担当"企业使命，全面加强质量管理，努力把每一项工程都建设成为国际一流建筑，建成京张高铁、拉林铁路、北京冬奥会场馆、沪苏通长江大桥、平潭跨海大桥、大柱山隧道等一大批精品工程。累计荣获中国质量奖及提名奖 5 项，鲁班奖 251 项，国家优质工程奖 490 项。积极打造高质量发展样板。高标准建成京雄城际、雄安站、千年秀林等雄安新区标志性工程，打造高质量发展的全国样板。成立"三个转变"研究院，先后两项研究成果荣获中国企业改革发展优秀成果一等奖；连续两年主持国务院国资委"揭榜挂帅"重大课题；作为主要起草单位，研究制定两项国家行业团体标准。在高质量发展中拿出了中国中铁方案、树立了中国中铁形象、贡献了中国中铁力量。

（三）不断强化品牌建设这个支撑，塑造建设世界一流企业的新优势。品牌是企业乃至国家竞争力的重要体现。中国中铁作为中国品牌日发源地，在服务国家重大战略和"一带一路"建设中探索形成了符合时代要求、体现国家形象、具有央企特色的品牌建设模式。大力培育自主品牌。制定品牌战略，将民族品格、优秀传统、品牌理念充分融入生产经营全过程，促进品牌建设与业务发展协同推进，以质量创品牌、以服务优品牌、以文化强品牌，打造了"中国高铁""中国大桥""中国隧道""中国装备"等系列国家名片。打造享誉世界的中国品牌。坚持海外"双优"战略，以中老铁路、亚吉铁路、雅万高铁、匈塞铁路、孟加拉国帕德玛大桥及铁路连接线等"一带一路"重点工程建设为契机，广泛开展国际合作，为基础设施互联互通提供"中国方案"，打造全球建造的新典范、国家形象的新名片。塑造"开路先锋"品牌形象。坚持以企业文化提升品牌感召力，深入实施"开路先锋"统一品牌战略，将汇聚企业百年红色基因、70 多年精神传承和新时代责任担当的开路先锋文化与品牌建设结合起来，加强企业形象和品牌传播策划，讲好品牌故事，以文化自觉增强品牌意识，以文化自信塑造品牌形象，以文化自强提升品牌价值。

以"三个转变"推进世界一流企业建设的启示

在认真贯彻落实习近平总书记"三个转变"重要指示，加快建设世界一流企业的实践中，中国中铁积累了宝贵经验，收获了重要启示。

（一）必须坚持创新理论武装，高举践行"三个转变"思想旗帜。思想是行动的先导。中国中铁始终坚持以习近平新时代中国特色社会主义思想武装头脑、指导实践、推动工作，高举"三个转变"思想旗帜，在学懂弄通做实中坚定实业报国信念。新征程上，必须坚定不移用"两个确立"凝心聚魂，进一步增强"四个意识"、坚定"四个自信"、做到"两个维护"，在学思践悟中牢记初心使命，在知行合一中主动担当作为，使全体员工始终保持统一的思想、坚定的意志、强大的战斗力，切实把科学思想理论转化为推进企业高质量发展的强大力量。

（二）必须服务国家重大战略，把准践行"三个转变"前进方向。作为拥有百年红色基因的中央企业，中国中铁始终听党话、跟党走，胸怀"国之大者"，服务"国之大事"。从建设制造强国、质量强国、交通强国、品牌强国，到碳达峰碳中和、清洁能源、美丽中国、乡村振兴，中国中铁践行"三个转变"的每一步都紧随并服务于党和国家重大战略的发展方向。新征程上，必须进一步强化使命担当，进一步完善国内市场区域布局，积极推动企业战略和资源向党中央重大决策部署集中，发挥超大规模和全产业链带动优势，在加快构建新发展格局中当好践行"三个转变"重要指示的开路先锋。

（三）必须聚焦企业高质量发展，激发践行"三个转变"动力活力。"三个转变"归根结底是发展方式的转变，其出发点和落脚点都是推进企业高质量发展。中国中铁坚持把科技创新与赋能主业深入结合，抢抓新技术、新科技发展新机遇，适应数字产业化、产业数字化要求，积极推进 5G、人工智能、大数据等新技术应用，实现中国制造、中国建造向中国"智"造转型升级。新征程上，必须坚持创新驱动发展，坚持"四个面向"，进一步强化国有企业的科技策源功能，激发践行"三个转变"的强大动力。

（四）必须全面深化国企改革，完善践行"三个转变"机制保障。改革是释放企业高质量发展动能的关键一招。中国中铁通过全面完成国企改革三年行动各项任务，乘势而上深入实施新一轮国企改革深化提升行动，不断推进技术创新、管理创新、制度创新，为践行"三个转变"提供了强有力的体制机制保障。新征程上，必须坚持贯彻落实习近平总书记关于国有企业改革发展重要论述，加快推进企业治理体系和治理能力现代化，推动"三个转变"重要指示在国有企业落地生根、见到实效。

（五）必须坚持精神文化引领，凝聚践行"三个转变"智慧力量。逢山开路、遇水架桥的"开路先锋"精神和文化是中国中铁的宝贵精神财富。"三个转变"重要指示赋予了中国中铁"开路先锋"文化新的时代内涵，进一步统一思想、凝聚人心，并以重点工程建设为载体，不断刷新"最长、最高、最大、最快"纪录。在共建"一带一路"中，致力于把每个海外项目打造成文化交流、民心沟通的平台，积极创造、传播、维护中国品牌形象，为构建人类命运共同体添砖加瓦。新征程上，必须坚持用好优秀企业文化这一攻坚克难的制胜法宝，进一步汇聚践行"三个转变"的强大智慧和磅礴力量。

奋力谱写加快建设世界一流企业的新篇章

加快建设世界一流企业是"两个维护"最直接、最具体、最生动的体现。中央企业作为我们党执政兴国的重要经济基础和物质基础，要进一步增强责任感使命感紧迫感,认真贯彻落实习近平总书记关于国资央企的重要指示批示精神,牢牢把握新时代新征程国资央企工作的总目标总原则总要求,用好提高企业核心竞争力和增强核心功能"两个途径",发挥科技创新、产业控制、安全支撑作用,全力推进"三个转变",在全面建设社会主义现代化强国中发挥国家队、主力军和排头兵作用。

(一)当好高水平自立自强的国家队。新征程上,中央企业要不断强化科技创新策源功能,强化国家战略科技力量。中国中铁将聚焦国家重大需求及关键技术开发、聚焦创新能力与体系平台建设、聚焦成果转化和知识产权建设,积极布局前沿引领技术、产业高新技术、关键共性技术、变革性技术创新和应用,以技术创新打造产品优势。强化体制机制创新,整合资源配置,提升引领行业技术发展能力。把握新一轮科技革命和产业变革带来的重大机遇,加快推进数字产业化、产业数字化,推进基础固链、技术补链、融合强链、优化塑链,为国家安全、产业基础和现代产业体系建设提供科技支撑。

(二)当好推动产业链现代化的主力军。新征程上,中央企业必须肩负起打造现代产业链链长的重任。中国中铁将加快传统产业的转型升级和价值再造,努力成为产业发展方向的引领者、产业基础能力提升的支撑者、产业协同合作的组织者,带动形成具有更强创新力、更高附加值、更安全可靠的产业链体系,打造更多的"拳头产品""看家技术",不断提升产业链整体竞争能力。同时加快生态环保、新基建、清洁能源等新兴产业布局,积极开拓"第二曲线",努力构建上中下游衔接、各类资源聚集、共商共建共享的发展格局。

(三)当好世界一流企业建设的排头兵。建设世界一流企业是中央企业的重大使命。中国中铁将按照 16 字标准,深入开展对标提升行动、创建示范行动、价值创造行动,加快补齐短板,巩固提升优势领域的领先地位,积极参与国际标准制定,增强在行业标准和管理标准制定上的国际话语权,累积放大品牌效应,更好融入全球供应链、产业链、价值链,努力打造一流的可持续发展能力、一流的产品生产能力、一流的品牌塑造能力、一流的科技创新能力、一流的现代治理能力、一流的国际化运营能力，为塑造我国国际合作和竞争新优势作出更大贡献。

新征程上，中国中铁将坚持以习近平新时代中国特色社会主义思想为指导，坚决扛起"三个转变"历史使命，当好建功新时代的"开路先锋"，奋力书写建设世界一流企业的新篇章。

后　记

过去十年，是国资央企发展最全面、活力效率提升最显著、布局结构优化最明显的十年。翻看大国重器名录，处处可见中央企业的身影。在习近平总书记"三个转变"重要指示精神指引下，各中央企业认真落实创新驱动发展战略，一大批自主创新成果竞相涌现，高质量发展迈出实质性步伐，建设世界一流企业取得明显成效，为党和国家事业发展作出了重要贡献。

《迈向世界一流——建设品牌强国之央企实践》图书编辑出版工作自2023年8月启动以来，得到了有关部门领导的高度重视和大力支持，得到了各中央企业的积极响应。书中收录的每篇文章，都以翔实的数据、鲜活的案例和生动的实践回答了从制造向创造、从速度向质量、从产品向品牌"如何转""怎样转"的时代课题。

本书能够在短短6个月付梓出版，离不开各方的支持和帮助。国务院国资委有关领导对本书编写工作给予了有力指导，国务院国资委新闻中心各位同志在稿件征集、内容审核中倾注了大量心血；各中央企业有关负责同志高度重视、积极配合；人民政协报社多位同志在采编统稿中认真精细，体现了专业素养；中国文史出版社精心设计，保障本书如期面世。在此一并表示衷心感谢。

2024 年 5 月 10 日将迎来"三个转变"重要指示提出十周年。十年，是一段历程，是一幅篇章，交出精彩答卷的中央企业必将在新征程上更好担负新使命，充分发挥科技创新、产业控制、安全支撑的重要作用，积极服务国家重大战略，为我国经济实现质的有效提升和量的合理增长、增进民生福祉、保持社会稳定贡献更大力量。

本书编委会
2024 年 4 月